LA REINE DES QUICHES

Sophie de Villenoisy est auteure, scénariste et journaliste. Après avoir travaillé pour la presse écrite, elle joue dans son premier one-woman show, à la suite duquel elle est contactée pour rédiger des chroniques humoristiques pour la télévision et la radio, notamment pour les émissions *20h10 pétantes* et *Le Fou du Roi.* Elle a également écrit plusieurs guides pratiques ainsi que huit albums humoristiques de bande dessinée. Son premier roman, *Joyeux suicide et bonne année* est en cours d'adaptation au cinéma.

Paru au Livre de Poche :

JOYEUX SUICIDE ET BONNE ANNÉE !

QUESTION DE STANDING

« Le chef d'orchestre c'est le psychisme. [...] Le désir inconscient peut peser sur la volonté consciente. Or quand un conflit oppose le conscient et l'inconscient, malheureusement pour nous, c'est toujours l'inconscient qui gagne... »

Joëlle Desjardins-Simon et Sylvie Debras,
Les Verrous inconscients de la fécondité

1

« Les bienfaits de la stérilisation chez le chien et le chat. » La vie de Murielle ne manque pas de piquant. Il y a des jours comme ça, où certains articles sont plus difficiles à écrire. Ainsi, après avoir évoqué en long et en large « L'insomnie chez les chats », « La cataracte », « L'allergie alimentaire », « Le mal des transports », « Les parasites » et le grand marronnier de l'été, « Gare au coup de chaleur ! », Murielle ne pouvait éviter plus longtemps un sujet aussi incontournable que « Les bienfaits de la stérilisation ». Le contraire aurait été une faute professionnelle. Et elle préférait morfler plutôt que d'être prise en défaut et décevoir les lecteurs de *Télé 7 jours*. Assise devant son ordinateur, elle oscillait entre rire et pleurs. Une chienne se faisait renifler le cul trois fois et, ô miracle, huit semaines plus tard, elle avait une portée de chiots remuants et jappant de faim. Sept ans que Murielle se laissait renifler dans tous les sens par Jérôme, son mari, et aucun bébé n'était jamais sorti de son ventre. Rien à part du sang et des larmes.

Ainsi va la vie. *Sa* vie.

Murielle n'était même pas stérile, puisqu'elle tombait enceinte. Non, son truc à elle c'étaient les fausses couches. Elle en était déjà à sept. Sept grossesses perdues et autant de manuscrits mort-nés dans son ordinateur. Sept. Comme les sept merveilles du monde, les sept couleurs de l'arc-en-ciel, ou encore les sept jours de la Genèse. Un chiffre porte-bonheur, symbole de vie et de chance. Mais Murielle n'était pas à une ironie près. Elle avait compris depuis longtemps qu'elle échappait à la règle. Comme toute sa vie, d'ailleurs. Neuf ans maintenant qu'elle tenait la rubrique animaux d'un magazine télé. Une page peu glorieuse mais qui, après plusieurs échecs cuisants au sein du journal, la satisfaisait pleinement. Au tout début, Yannick, son rédacteur en chef, lui avait confié des articles beauté. Mais on ne pouvait pas lui faire pire proposition. Avec son physique très moyen et ses problèmes de peau, elle était malvenue à délivrer de tels conseils. C'était comme confier les pages culture à une analphabète. Karène, sa remplaçante, qui se dandinait dans les couloirs de la rédaction en faisant claquer ses dix centimètres de talons, s'était fort heureusement montrée à la hauteur de cette mission et faisait même honneur au journal lors des petits déjeuners presse organisés par une armée d'attachées de presse pomponnées. Murielle gardait encore des sueurs froides des quelques interviews de célébrités du petit écran qu'elle avait eu le malheur de faire. Les animateurs et les comédiens de série télé étaient son pire cauchemar. Leur spontanéité, leur entrain, leur beauté, leur aisance, leur naturel, leur charisme la déstabilisaient au point qu'elle arrivait au rendez-vous le visage rougi et tuméfié sous l'effet du stress. À leur contact elle était aussi tétanisée qu'une mouche prisonnière de la toile sucrée que ces professionnels de l'image savent tisser autour d'eux. Murielle avait beau se préparer, rationaliser, dédramatiser ces tête-à-tête obligés, ils la mettaient chaque fois par terre et la renvoyaient immanquablement à Carole, sa mère.

Celle que Murielle avait déçue au premier regard, en n'étant pas ce bébé blond aux yeux bleus expressifs et au sourire éclatant qui appelait les risettes. Avec ses quatre kilos cinq et son visage congestionné, Murielle n'avait pas fait le poids face à l'image de bébé Cadum qui avait tant fait rêver Carole pendant neuf mois. Sa peau violacée, son visage déformé, ses yeux pleurnichards n'avaient rien d'attendrissant. La magie n'avait tout simplement pas opéré. Et par la suite ses croûtes de lait n'avaient fait qu'aggraver le malaise. Murielle ne faisait pas la fierté de sa mère. Les gens ne s'extasiaient pas sur son passage, ils la félicitaient, bien sûr, mais poliment. Carole s'était sentie flouée, trompée, trahie. Pour Jacques, son mari, nul besoin d'être psychologue pour comprendre que le peu d'intérêt que Carole manifestait à leur petite fille n'était pas à mettre sur le compte de la fatigue. Alors Murielle était devenue la fille de son père. Sa Poupounette, sa merveille. Mais le mal était fait. Et à quarante et un ans elle n'était toujours pas remise du rejet maternel.

Face à ces échecs, Yannick, en homme avisé, avait alors pensé à la page animaux. Un sujet lisse, consensuel et fédérateur qui attirait les sponsors de l'industrie agroalimentaire. Reconnaissante et soulagée, Murielle avait mis un point d'honneur à faire de cette page un rendez-vous très apprécié des lecteurs les plus fidèles. Et bien qu'elle fasse preuve de la même rigueur dans ses écrits personnels, seuls ses textes sur les tiques et les puces étaient pour le moment publiés. Consciencieuse, Murielle faisait en sorte de rendre la lecture de ses articles agréable, fluide et attrayante. Car elle aimait profondément les mots, tous les mots, même ceux qui traitaient de l'infection urinaire chez le chat.

Depuis dix ans elle consacrait quelques heures par jour à l'écriture. Réglée comme un métronome, elle n'avait plus besoin du réveil pour savoir que le soleil se levait. Dès six heures, elle était à sa table de travail et s'imposait une hygiène d'écriture, comme des ablutions qui la lavaient et la purifiaient des mots sans âme qu'elle alignait dans ses articles. Elle écrivait des histoires comme on remonte à la surface pour faire le plein d'oxygène avant de replonger dans les profondeurs de l'ennui. Quelques heures précieuses pendant lesquelles elle échappait à sa vie et qui lui donnaient la force et le courage de continuer. Malgré les fausses couches et les manuscrits refusés, malgré le rejet et la honte. Parce qu'elle était comme ça, Murielle, après être passée par toutes les phases de la colère, de la révolte et du chagrin, après avoir pleuré toutes les larmes de son corps, elle ne pouvait s'empêcher d'y croire, d'espérer, de prier pour qu'un jour peut-être… elle aille jusqu'au bout d'une grossesse, même douloureuse, même un accouchement prématuré ferait l'affaire, mais au moins une ! Sentir le fœtus grandir, se développer, se déployer, tendre son ventre, prendre toute la place, donner des coups, des signes de vie, vivre en elle, et qu'elle l'expulse de toutes ses forces, sauvagement, pour enfin le voir, le regarder, l'admirer, le toucher, le serrer, l'embrasser, le manger, le bercer, le nourrir et le couvrir de baisers. En un mot, l'aimer. Son bébé. Sa chimère.

Fallait-il être tarte pour croire que cela allait changer, que la malédiction allait s'arrêter.

Alors durant deux heures, les plus exaltantes de sa vie et qui n'appartenaient qu'à elle, Murielle s'oubliait en plongeant, comme on prend un bain de minuit, avec délice dans l'écriture.

Cependant, une fois ses trois mille cinq cents signes écrits sur les bienfaits de la stérilisation, Murielle ne put s'empêcher d'arriver à la conclusion que n'importe quelle petite caniche non stérilisée était plus douée qu'elle pour la vie.

2

— C’est bon, tu as fini, on peut y aller ?

— J’arrive, j’appelle maman et je suis prête !

Jérôme soupire, il ne comprend pas ce besoin qu’elle a d’appeler sans arrêt Carole. Elles n’ont jamais rien à se dire. Mais Murielle était incapable de rester sans nouvelles de sa mère. Lui, c’était le contraire. Moins il avait sa mère au téléphone et mieux il se portait. Heureusement, il pouvait compter sur sa femme pour lui parler ou plutôt l’écouter geindre. Toujours la même litanie sur ses problèmes de santé, de solitude, sur fond de chômage et de crise financière, et bien sûr zéro petit-enfant pour la distraire, c’est pour la punir ? Jérôme n’avait plus aucune indulgence pour Nicole, sa mère, elle avait depuis longtemps saccagé son champ de patiences.

Ce soir ils sortent pour la Saint-Valentin. Une des rares fêtes qu’ils pouvaient célébrer sans avoir le cœur serré. Noël était une épreuve familiale et la fête des Mères ou des Pères avait pour eux des allures de Toussaint.

Tandis qu'à la Saint-Valentin, Murielle et Jérôme n'avaient pas la sensation de tricher. Ils sortaient en couple, en amoureux, même si leurs sentiments étaient souvent mis à rude épreuve. Mais comme aimait à plaisanter Jérôme parfois : « Au moins, on ne peut pas nous accuser de rester ensemble pour les enfants ! » Il pouvait se montrer pince-sans-rire sur le sujet, bien que Murielle n'ait aucun humour sur ce point.

Alors ce soir, c'est leur soir. Ils peuvent sortir la tête haute, ce qui n'est pas si fréquent.

Murielle sent son cou picoter. Cela fait à peine trois minutes qu'elle est en ligne avec sa mère et sa peau la démange déjà.

— J'ai proposé à ta sœur de lui garder les petits, mais ils dînent chez eux, Christian veut se coucher tôt…

— C'est dommage…

— Oui, avec ton père on faisait en sorte de préserver une vie de couple, mais ce n'est pas toujours facile, surtout avec trois enfants… Mais Christian exagère, ta sœur a besoin de se distraire, de souffler !

— C'est sûr…

— Cathy m'a envoyé des photos, ils sont trop mignons, tu as vu la vidéo sur son blog ? Victor a tellement grandi ! C'est un vrai petit homme, maintenant.

— Oui, c'est vrai, il est adorable !

— Bon, je te laisse, à cause de toi je vais manger froid. Tout va bien, oui ?

— Oui, maman, tout va bien. Avec Jérôme on s'apprête justement à sortir.

— Bon alors, bonne soirée !

— Bonne soirée, maman !

Mais Carole a déjà raccroché. Une mauvaise habitude. Murielle passe un peu de spray apaisant à l'eau thermale sur sa gorge et évalue les dégâts devant son miroir. Elle s'en veut d'être aussi émotive. Elle a consulté plusieurs dermatologues, mais aucun n'a vraiment réussi à dompter sa peau récalcitrante. Heureusement, les rougeurs finissent toujours par se calmer. Mais quand même. Elle maudit sa peau fragile de rousse. Jérôme, qui s'impatiente dans le salon, passe une tête dans la salle de bains.

— Bon, je t'attends en bas ? Tu prends ton casque ?

— J'arrive ! dit-elle en recouvrant sa gorge d'une écharpe.

Jérôme est curieux de découvrir ce nouveau restaurant, Les Apôtres de Pigalle dans le dix-huitième. Une adresse qui n'a rien de romantique, mais quelle importance ? En ce qui les concernait, il y avait bien longtemps que le romantisme s'était fait la malle. Leur parcours pour procréer, semé d'humiliations et de traitements aussi barbares qu'intrusifs, l'avait rayé pour toujours de leur vie.

Désormais, Jérôme est plus sensible au charme rustique d'un bon pot-au-feu, beaucoup plus sexy à ses yeux qu'une ambiance intime et tamisée. À défaut de bonne baise – là aussi leur couple avait pris cher –, il y avait la bonne bouffe. Un péché mignon qui lui était tombé dessus, une fois quitté le nid familial. Ou plutôt la grotte maternelle, tant l'appartement de sa mère à Rosny sentait le rance et les médicaments.

Élevé aux coquillettes et aux purées lyophilisées, Jérôme avait découvert un peu par hasard et avec beaucoup d'émotion le goût des légumes frais et de la viande grillée à point.

C'était comme marcher sur la Lune. Ou découvrir un nouveau monde.

Une fois dehors il démarre son PX et fait ronronner le moteur. Il sort de révision et vrombit comme une Rolls malgré le froid glacial. Il ne le dira jamais à Murielle, mais ne pas avoir d'enfant présente certains avantages, comme changer régulièrement de scooter, partir en week-end et s'offrir de bons restaurants. Et ce soir il ne compte pas bouder son plaisir. Il salive déjà à l'idée de s'enfiler une belle assiette de charcuterie accompagnée d'un bon verre de vin.

En grimpant derrière Jérôme, Murielle a une pensée pour sa sœur Cathy. D'un côté elle est désolée de la savoir privée d'une sortie en amoureux, de l'autre elle l'envie de passer la soirée avec ses enfants. Elle adore ses neveux Eliot, Gaspard et Victor. Elle adore tous les enfants, même ceux qui ont de la morve collée au nez, qui piquent des crises et se roulent par terre en hurlant dans les magasins.

Si elle avait un enfant, c'est avec lui qu'elle aimerait passer la Saint-Valentin.

3

— Ça te plaît ? demande Murielle en désignant le magret de canard de Jérôme.

— C'est à tomber ! Tu veux goûter ?

— Non, ça va merci.

Murielle n'a pas très faim, mais elle s'applique à grignoter son ceviche pour ne pas gâcher le plaisir de Jérôme.

— Je crois que je vais me prendre un dessert !

— Je ne sais pas comment tu fais pour manger autant !

— C'est délicieux et j'ai faim ! Excuse-moi de ne pas être comme Christian ! renchérit-il, les yeux rieurs.

Elle sourit à cette pique qui n'en est pas vraiment une. Depuis qu'il est marathonien, le mari de sa sœur est devenu obsédé par son alimentation, au point de bannir sucre, matières grasses et alcool. Désormais Christian ne goûte qu'à l'ivresse de la course à pied. Jérôme, lui, c'est le contraire, il ne court que pour aller d'un restaurant à l'autre.

— En parlant de Christian, on est invités chez ma sœur ce week-end. Tu sais, c'est l'anniversaire de Victor.

Jérôme soupire.

— T'exagères, c'est mon petit neveu quand même !

— Ton neveu il a quatre ans, tout ce qui l'intéresse c'est de jouer avec ses voitures, pas de passer son anniversaire avec des adultes.

— Oui, mais il y a aussi Eliot et Gaspard ! Maman me parlait justement de cette vidéo que Cathy a postée sur son blog, on les voit déballer des colis et tester des jouets comme des experts, ils sont tordants.

Murielle fond dès qu'il s'agit de ses neveux qu'elle aimerait voir plus souvent.

— Ta sœur ne devrait pas les exposer autant. C'est malsain, elle les utilise et les met en scène comme des petits singes savants. Si tu savais le nombre de pervers qui matent ce genre de vidéos.

— C'est facile de critiquer quand on n'a pas d'enfant !

Elle n'a pas pu s'empêcher. Même si au fond elle sait que Jérôme n'a pas tort. Mais chez elle, c'est presque pavlovien, dès qu'on attaque sa famille elle mord. Et puis qu'en savaient-ils, eux ? Qui étaient-ils pour juger la façon dont sa sœur élevait ses enfants ? Elle en était sûre, s'ils avaient eu la chance d'en avoir, Jérôme aurait été le premier à les prendre en photo sous tous les angles. Et elle n'aurait pas été la dernière à les exhiber. Parce que c'est humain et dans l'ordre des choses de bêtifier devant sa descendance. C'était d'ailleurs une des raisons pour lesquelles elle boudait Facebook et Instagram. Trop de bonheur étalé.

— J'avais plus envie de me faire une expo photo que d'aller chez ta sœur…, rétorque Jérôme sans se vexer.

— L'un n'empêche pas l'autre.

— En parlant de ça, tu as reçu ta carte de presse ?

Elle le fusille du regard. En posant cette question, Jérôme sait très bien à quoi il joue. Murielle doit être la seule journaliste à refuser ce sésame. Elle préfère payer plein pot toutes les entrées des musées et des expositions plutôt que de faire une demande auprès de la Commission de la carte d'identité des journalistes. Elle ne s'en sent pas le droit et trouve ridicule l'idée d'envoyer ses articles pour justifier une telle démarche. Un ramassis d'infos pompées çà et là sur des sites spécialisés. Et même s'il lui arrivait d'interviewer des professionnels et des vétérinaires, ce n'était pas l'image qu'elle se faisait du journalisme. Elle n'arrivait pas à la cheville de ce corps de métier et se considérait plutôt comme une simple rédactrice.

— Alors les amoureux, c'était bon ? Je vous apporte la carte des desserts ? les interrompt le patron du restaurant en débarrassant leurs assiettes.

— S'il vous plaît, oui, répond Jérôme en retrouvant sa gourmandise.

— Et madame ? Elle veut aussi une carte ?

— Non, c'était délicieux, je n'ai plus faim, vraiment, merci ! dit-elle en se tapotant le ventre.

— Un petit sorbet maison ? Ça passe tout seul !

— Si c'est maison…

Murielle se sent responsable du bonheur de tout le monde, même du premier restaurateur un peu poussif.

Jérôme lui prend la main pour s'excuser. Il connaît son malaise par cœur. Ce soir il n'a pas envie de lui faire de la peine. La vie lui en a suffisamment infligé comme ça.

— Bon, alors on va voir l'expo James Nachtwey et en sortant on s'offre une virée chez JouetClub ? On pourrait offrir des Lego Star Wars à Victor ?

Elle acquiesce, le cœur battant, et se plonge dans la carte des desserts pour cacher une bouffée d'émotion. Elle est émue. Elle voit déjà le tableau : Jérôme et Victor allongés dans un coin, côte à côte, se passant minutieusement les pièces pour en faire un vaisseau spatial, sous les yeux ébahis d'Eliot et Gaspard. Planquée derrière le menu, elle lutte contre les larmes. Elle ne s'y fera jamais. C'est tellement injuste, Jérôme aurait fait un père magnifique.

— Alors les amoureux, vous avez fait votre choix ?

— Je vais prendre le fondant au chocolat…

— Et moi un sorbet citron-framboise ! Avec deux cuillers, s'il vous plaît, sourit bravement Murielle.

Soudain son regard se porte sur le couple qui se lève à quelques tables d'eux. La jeune femme, une jolie blonde, se fait aider pour enfiler sa doudoune. Son ventre proéminent semble fortement l'incommoder. Son cavalier l'assiste en la couvant des yeux. Murielle avance sa chaise pour ne pas la gêner lors de son passage vers la sortie.

Mais le couple béat, trop occupé à se sourire, ne s'est rendu compte de rien et passe devant eux sans les voir. Murielle se retient de les suivre des yeux. Ces quelques secondes l'ont déjà dévastée. Chaque fois c'est pareil, c'est comme une attaque surprise, un coup de poing dans le ventre qui lui coupe le souffle. Elle prend une gorgée de vin pour se donner une contenance et regarde Jérôme en s'efforçant d'être digne. Depuis toutes ces années, elle a appris à encaisser la douleur sans faire de grimace. Mais Jérôme n'est pas dupe, lui aussi a le cœur qui cogne, pour elle surtout. Alors, dans un même élan, ils se rapprochent et échangent un baiser amoureux et bravache.

4

Murielle hésite entre « Mon chien aboie tout le temps » et « Un chien oui, mais lequel ? ». Cette semaine, on lui a recommandé de mettre l'accent sur le chien. Demande expresse de l'annonceur. Dans la presse, ce sont eux les vrais rédacteurs en chef. Murielle a certes le choix du sujet, mais ça reste limité. Dernièrement lassée de ces infos qui tournaient en boucle de semaine en saison, elle avait suggéré à Yannick des interviews de personnalités du petit écran autour de leur animal préféré. Nombre d'animateurs, Michel Drucker en tête, aimaient partager leur amour des animaux. Certains de ces compagnons devenaient des mascottes sur les réseaux sociaux. Elle avait pensé à un petit questionnaire, décalé et amusant, tout se ferait par mail, même pas besoin de les rencontrer, c'était parfait ! Mais l'annonceur principal avait mis son veto. Il voulait du « technico-informatif » et que du « technico-informatif », alors c'était reparti pour du technico-informatif. Murielle avait été déçue. Une fois de plus.

Concentrée, elle décroche son téléphone portable qui l'a fait presque sursauter. Il ne sonne pas si souvent.

— Allô, Murielle Petit ?

— Oui, c'est moi.

— Bonjour, Antoine Gallimard à l'appareil.

— …

A-t-elle bien entendu *Gallimard* ? Le cœur de Murielle s'arrête.

— J'ai tenu à être le premier à vous dire que nous avons lu avec beaucoup d'attention votre manuscrit *Ceci est mon corps* et que nous l'avons tellement aimé que nous souhaitons le publier, en espérant qu'il soit toujours disponible ?

Machinalement, elle regarde autour d'elle. Qui, qui est en train de lui faire une sale blague ? Mais l'open space est calme. Yannick est à une projection, Karène glousse plus loin avec un photographe. En ce début d'après-midi la plupart des bureaux sont vides. Beaucoup ne sont pas encore rentrés de la cantine.

— Heu… oui…, marmonne-t-elle, rouge de honte, persuadée d'avoir affaire à un mauvais farceur.

— Je vous dérange peut-être ?

— Heu…

Murielle a du mal à respirer. Elle s'enfonce tout doucement dans son fauteuil ergonomique pour ne pas glisser, sa circulation sanguine s'est bloquée, elle sent déjà ses jambes qui la lâchent. La tête lui tourne et sa bouche est sèche. Elle se sent très mal, est-elle en train de faire un AVC ?

— Allô ? Voulez-vous que je vous rappelle plus tard ? Ce n'est peut-être pas le bon moment, je comprends, mais comme je ne voulais pas courir le risque de vous voir signer ailleurs… Je vous envoie un mail, et surtout rappelez-moi très vite, nous avons hâte de vous rencontrer ! Alors je vous dis au revoir et à très bientôt ?

Murielle a raccroché, incapable d'en entendre plus. Elle se force à respirer, elle est à deux doigts de l'apoplexie. Sa peau a dû virer au rouge-violet. Elle étouffe et enlève son gros pull en mohair. En nage, assoiffée, elle se dirige d'un pas automatique vers la fontaine à eau, que personne n'utilise à part elle, et boit coup sur coup deux grands verres. Sa gorge se dénoue un peu. Des frissons parcourent son corps, sa peau la démange, elle a envie de pleurer, mais se retient, de justesse. « Ma pauvre fille, tu es de pire en pire », pense-t-elle. Elle regarde son gobelet trembler dans sa main droite. Mais qu'est-ce qu'elle a encore ?

Sa main gauche agrippe de toutes ses forces son téléphone portable. Elle n'a pas rêvé, quelqu'un l'a bien appelée. Elle fonce se mettre à l'abri aux toilettes. Assise sur la cuvette, elle regarde comme hypnotisée le numéro de téléphone qui s'affiche encore. Il correspond à un numéro fixe. Et si elle rappelait pour voir ? Un goût de métal la fait grimacer de dégoût. C'est du sang, elle s'est mordu l'intérieur des lèvres sans même s'en rendre compte. Elle a chaud, froid, il faut qu'elle sorte de là, il faut qu'elle rentre chez elle. Elle enverra son article plus tard. De toute façon ils bouclent toujours ses pages avec trois semaines d'avance. Mais d'abord elle doit savoir. Le cœur battant, elle rappelle le numéro. La main sur la bouche pour ne pas craquer, elle écoute les premières sonneries.

— Éditions Gallimard, bonjour ?

Murielle raccroche, horrifiée. Dans un étrange réflexe elle a balancé son portable sur le sol en faux marbre. Un vrai miraculé, le Nokia. Tétanisée, elle n'ose plus bouger, comme si son téléphone s'était transformé en un cobra prêt à lui sauter à la gorge. Au loin les talons de Karène se rapprochent, avant de claquer sur le lino des toilettes. Derrière la porte, Murielle reste immobile. Seules ses narines frémissent au contact du halo de parfum sucré qui accompagne toujours sa collègue. Sur le qui-vive, elle s'étonne d'entendre Miss Beauté faire des bruits d'étable juste derrière la cloison : décidément, aujourd'hui, tout part en vrille. Dans sa tête, c'est le grand tourbillon. Pourquoi elle ? Murielle Petit ? C'est insensé ! Jusqu'ici elle postait ses manuscrits, par automatisme, comme on s'essuie les mains après les avoir lavées, histoire d'aller jusqu'au bout et de finir son geste. Et bien plus tard, quand arrivaient les lettres de refus, elles témoignaient de son envoi et de son échec. Elles lui rappelaient qui elle était, et quelle était sa place, derrière la barrière de sécurité. Et elle avait accepté son sort, comme un poney docile et usé. Alors pourquoi ce coup de fil ? Pourquoi la faire souffrir ? Les gens peuvent être tellement cruels. Non seulement elle était une mouche sous cloche, mais en plus quelqu'un se délectait à lui arracher les ailes. Peut-être l'appelait-il pour la sommer d'arrêter d'envoyer ses fichus manuscrits ? Mais pourquoi Antoine Gallimard en personne ? Elle a forcément mal compris, si l'ordre vient bien de lui, c'était quelqu'un du comité de lecture, quelqu'un qui n'en peut plus de la lire. Un stagiaire en plein burn-out qui a voulu l'impressionner, lui faire peur en se faisant passer pour Antoine Gallimard. Peut-être même qu'elle est blacklistée chez Gallimard et qu'elle est à deux doigts de se faire poursuivre en justice si elle continue de les harceler comme elle le fait depuis sept ans ? Il faut qu'elle arrête de leur saper le moral et de leur faire perdre leur temps. Aux aguets, Murielle attend d'être seule pour sortir. Quand enfin le silence retombe, elle sort de sa cachette d'un pas pressé qu'on ne lui a jamais vu et file jusqu'à son ordinateur.

— Ça va, Murielle ? interroge Yannick, à peine rentré de sa projection, devant son allure étrange et son air ahuri.

Voir Murielle rouge n'a rien d'anormal en soi, mais aussi décoiffée, c'est plus inquiétant. Et sans être ultra-coquette, elle n'a pas vraiment l'habitude de se balader en Damart à la rédaction.

— Oui, oui, ça va, répond-elle d'un air préoccupé. Enfin non, j'ai peut-être attrapé une gastro, je préfère rentrer.

— Ah mince, bon, tu fais bien, va te reposer !

Avant de décamper, Murielle se connecte à sa messagerie personnelle. Pour retrouver ses esprits, elle a besoin de comprendre ce qui lui arrive. Le mail promis par son interlocuteur est là et il émane bien des éditions Gallimard. Murielle clique dessus en fermant les yeux. Quand elle les ouvre, elle comprend dès les premières lignes que le coup de fil n'était pas un canular et que personne, a priori, ne va déposer une main courante contre elle.

« C'est quoi ce bordel ? » ne peut-elle s'empêcher de murmurer. Prostrée, elle lit les quelques lignes, mais des larmes d'émotion lui brouillent la vue.

Elle positionne ses mains de façon à cacher son visage. Elle ne veut surtout pas attirer l'attention de ses collègues.

Elle est abasourdie. Il est question de son dernier manuscrit, *Ceci est mon corps*. Murielle ne se souvient pas de l'avoir envoyé. Elle fouille sa mémoire, mais elle est allée si souvent à la poste avec ses enveloppes à bulles qu'elle n'a gardé aucune image de ce dernier envoi. Quand était-ce ? Il y a trois mois, six mois, un mois ? Ses semaines s'enchaînent et se ressemblent toutes. Elle ne sait plus.

Trop chamboulée pour poursuivre sa lecture, Murielle se déconnecte et éteint son ordinateur. Elle enfile son pull, se rendant enfin compte qu'elle était depuis tout ce temps en Damart, avec tout ce que cela comporte de désastreux pour ses cheveux, particulièrement sensibles à l'électricité statique que dégage ce genre de sous-vêtement. Ce matin en s'habillant chaudement, elle n'avait pas prévu tout ce cirque. Heureusement pour elle, ils sont peu nombreux à l'avoir vue en dessous Thermolactyl. Elle n'est pas à un ridicule près et, là tout de suite, elle s'en fout et contrefout. Elle espère juste avoir la force de rentrer chez elle. Elle envisage de prendre un taxi. Elle ne voudrait pas faire une crise de panique dans le métro.

5

Une fois arrivée chez elle, Murielle s'enferme à double tour. Elle a besoin de se sentir en sécurité. Dans le taxi elle n'avait que *ça* en tête. Ce mail. Impossible de le restituer correctement, tant son esprit est brouillé par les mauvaises ondes. Elle a pensé à un faux. Il y a bien ces histoires d'arnaque, de *fishing* qui, pour vous soutirer des données personnelles, vous font croire que vous avez gagné des billets d'avion Air France ou un voyage en club vacances tous frais payés pour l'île Maurice. Dans son cas, il s'agit peut-être d'une supercherie particulièrement ciblée ? *Ils* ont vu dans son ordinateur qu'elle cherchait à se faire publier et *ils* lui font croire qu'elle a gagné le gros lot ! Mais quelle idiote ! Comment a-t-elle pu croire une seule seconde qu'on allait réellement la publier ! Elle en rirait presque.

Sauf qu'en poussant la réflexion un peu plus loin, elle se rend compte que ça ne colle pas. Les escrocs poussent rarement le vice à appeler leur victime, ils préfèrent rester anonymes. Et puis comment sauraient-ils pour *Ceci est mon corps* ? Même Jérôme n'est pas au courant pour celui-ci. Et il y a bien longtemps qu'elle ne s'épanche plus sur ses vaines tentatives d'écriture, mettant d'un coup fin au supplice des regards condescendants.

Voilà à quoi elle avait pensé en boucle dans le taxi tandis que le chauffeur écoutait de la musique raï à la radio. Enfin elle va pouvoir vérifier au calme ses suspicions délirantes. Tremblante, Murielle s'approche de son portable qui l'attend toujours, allumé. Elle se cale sur sa chaise, prend le temps de calmer sa respiration et ouvre ses mails. Il est là. Elle constate qu'elle peut y répondre si elle le souhaite et que son destinataire a l'air d'un être vivant et non d'un spam.

Mais elle a beau lire et relire le message, en décrypter chaque mot, il reste, à ses yeux, une énigme digne du père Fouras. Alors elle referme son ordinateur. Elle est épuisée et a besoin de faire une sieste. Elle envoie un sms à Jérôme,

« Je suis à la maison, besoin de me reposer, je ne me sens pas bien, j'ai dû choper un virus. »

À Jérôme encore elle ne dit rien. Sidérée, elle ne sait que faire de cette nouvelle. Autant elle a appris avec les années et l'expérience à gérer et digérer les chagrins, les déceptions et les refus, autant « ça », non.

Ce n'est pas pour elle. Ce n'est pas elle. C'est comme si, sorti de nulle part, quelqu'un venait lui déposer un magnifique poupon aux joues roses dans les bras et la déclarait « maman » pour le reste de sa vie. Impensable, à moins d'un miracle. Et Murielle est bien placée pour savoir que les miracles n'existent pas. C'est juste une autre forme d'escroquerie.

Murielle s'endort comme une masse.

Mais elle est tirée de son sommeil par la sonnerie du téléphone, c'est Jérôme qui s'inquiète.

— Allô…, dit-elle d'une voix rauque.

— Ça va ? Tu as une drôle de voix.

— Je dormais… Il est quelle heure ?

— Presque six heures, tu te sens mal ? Tu ne veux pas appeler un médecin ?

— Non, non, je suis juste fatiguée et un peu frissonnante, ça doit être la fièvre…

— Ah merde… Je ne peux pas rentrer tout de suite, mais tu veux que je passe à la pharmacie ? Ou que je te rapporte une soupe, des sushis ?

— Non, laisse tomber, j'ai juste besoin de me reposer…

— Bon, ben… si tu dors, ça te dérange que je sorte avec Benoît ? Je l'ai pas vu depuis longtemps, tu sais mon pote qui a eu des jumeaux, et comme il a créneau ce soir, heu… on voulait aller boire un verre…

— Mais bien sûr ! Au contraire ! Sors ! De toute façon ça ne change rien pour moi… Merci, Jérôme.

— Bon, je te laisse te reposer alors… Ça va, Murielle ? Je veux dire… heu, t'as des nausées, envie de vomir c'est *ça* ?

Les larmes lui montent aux yeux.

— C'est qu'une gastro, Jérôme… Allez, bisous !

Elle raccroche, soulagée de ne pas le voir ce soir. Mal réveillée, groggy, elle fond en larmes. Elle a peur d'avoir rêvé. Et si son esprit tordu lui avait joué un mauvais tour ? Si elle prenait ses rêves pour la réalité ? Si elle était une de ces femmes que le malheur a fait basculer dans la folie ? Et alors Jérôme, là c'était le pompon. Lui si pudique sur leur désir d'enfant, qu'il puisse continuer d'espérer encore la bouleversait. L'espoir inattendu de Jérôme lui a fait mal. Comme un tacle venu de nulle part. Elle qui pensait être devenue insensible à la douleur.

Les premières fois où elle tombait enceinte, elle élaborait des petits scénarios pour annoncer à Jérôme la grande nouvelle : des chaussons premier âge dans son assiette, un test de grossesse positif caché dans son étui à lunettes. « Tu vas être papa ! »

Gloussant de bonheur. Toute cette légèreté, cette gaieté, cela lui semble si loin. Elle en avait des palpitations, rien qu'à l'idée d'accueillir la vie en elle. De porter ce miracle. Elle aimait tant le voir pleureur de joie. Mais, les fausses couches s'enchaînant, les effets d'annonce se sont estompés.

Les larmes, elles étaient toujours là, mais sans joie.

Pourtant les symptômes étaient bien présents : les seins qui gonflent, le bas-ventre qui tiraille. Puis les saignements. Toujours dans le même ordre.

Un tiercé perdant. Combien de fois avait-elle prié pour un déni de grossesse ?

Ne pas savoir et découvrir quand c'est « trop tard », quand « il » est là.

Mais Murielle savait toujours trop tôt que sa grossesse n'irait pas à terme.

Elle était enceinte d'embryon, jamais de fœtus et encore moins de bébé.

Les médecins étaient formels, elle est en bonne santé et ne souffre d'aucune anomalie. Rien ne semble justifier cette stérilité. Sinon cette volonté farouche de la part de chacun de ses embryons de la lâcher en cours de route. Comme s'ils ne voulaient surtout pas d'elle. Plutôt crever que de tomber sur *elle* ! Avec le temps Murielle s'est sentie de plus en plus indigne d'être mère. À la fin, elle ne se donnait plus la peine d'annoncer quoi que ce soit à Jérôme. L'histoire finissait tristement dans les toilettes. La vie les narguait cruellement. Murielle tombait enceinte, mais n'avait jamais d'enfant. De même qu'elle écrivait des manuscrits qui ne devenaient jamais des romans. Jusqu'à aujourd'hui.

Jamais Murielle n'avait eu l'audace d'imaginer qu'un jour elle annoncerait à Jérôme cette autre grande nouvelle : « Je suis publiée ! »

Pourtant, si elle en croit ce mail, ce jour est arrivé.

Et si c'était vrai ?

Murielle n'a pas pris la peine de répondre. Elle s'en réjouit d'ailleurs. Elle a trop peur d'être à nouveau déçue. Et si cette réponse positive s'annulait par la suite, comme les autres ?

Après toutes ces fausses couches, elle ne supporterait pas de fausse joie.

C'est pourquoi elle décide de ne rien dire à Jérôme. Elle veut le protéger, lui aussi en a assez bavé. Alors elle s'offre un déni littéraire et décide de continuer sa vie, sous la seule forme qu'elle connaisse : l'échec.

Voilà, pas de vagues, pas de fausse surprise, plus de chagrin. Fini tout ça.

Elle n'en a plus la force.

Elle s'allonge et ferme les yeux. Elle pense à son manuscrit, *Ceci est mon corps*. Ça la taraude... Elle ne l'a pas lu depuis longtemps, elle aime écrire, c'est vrai, mais se lire ? Elle est curieuse, elle doit en avoir le cœur net.

Sous la couette, une bière à la main – elle a besoin d'un remontant, même si ça la ballonne –, elle commence à lire, mais c'est comme si elle avait chaussé des nouvelles lunettes de vue. Elle découvre ses mots à travers le prisme des éditions Gallimard. Mon Dieu, c'est elle qui a écrit ça ?

Elle est atterrée, consternée par son texte. Elle était partie dans un délire quasi mystique dans lequel son personnage, Clara, une femme inféconde, décidait d'aider « ses sœurs » (les autres femmes) en donnant son corps, inutile à ses yeux, aux hommes et si possible les plus pervers d'entre eux, afin d'absorber leurs péchés, d'annihiler leurs pulsions. Le soir, Clara errait dans les rues sombres de la ville pour jouer les proies consentantes, les martyres du sexe, et redonner du sens à sa vie. Une version fantasmée, à peine déguisée, d'elle-même purement grotesque ! Avec beaucoup d'imagination on pouvait aussi y voir une version hot et délirante de *La Chèvre de M. Seguin*. Elle comprend pourquoi elle n'avait pas jugé utile, pour une fois, de le faire lire à Jérôme. Son manuscrit était provocateur, amoral et complètement tordu. Et que dire de ses envolées érotiques ? Certains passages sont à la limite de la pornographie. Mais qu'est-ce qui lui a pris d'écrire des horreurs pareilles ? Elle si pudique, si peu portée sur la chose.

Enfin si, comme tout le monde, elle a connu les émois des débuts, mais il y a bien longtemps qu'avec Jérôme la magie n'opère plus. Entre eux c'est devenu pépère, limite hygiénique. Mais là, on a l'impression que ça a été écrit par une obsédée sexuelle ! Elle se souvient vaguement. C'était l'été, il faisait moite et chaud, elle a écrit cette histoire instinctivement, sans retenue, persuadée qu'elle finirait comme toutes les précédentes au fond d'un tiroir. Elle l'a écrite dans un état d'abandon total. Comme lorsqu'on se balade à poil chez soi, en toute décontraction et en sachant que personne ne peut nous voir. Un peu alanguie, elle s'était laissée aller à écrire ces scènes de sexe torrides. Juste pour le plaisir des mots, des sens et pour sonder ses limites aussi. Cela se voulait expérimental et surtout sans conséquence. Comme un fantasme, mais littéraire. À quoi bon se montrer pudique quand il n'y a personne pour vous lire ?

Mais elle ne pensait pas en avoir écrit autant. C'est vrai qu'elle s'était bien amusée. Mais elle ne peut pas croire une seule seconde que tout un comité de lecture se soit laissé convaincre par ses élucubrations érotiques. Et que penser d'Antoine Gallimard ? Il ne l'a pas lue, c'est impossible !

Ou alors, ou alors… Gallimard souhaite publier son roman qu'il considère, pour des raisons évidentes, être dans la veine de *Fifty Shades of Grey* ! Ils misent, à tort, sur elle, en se disant on prend une bobonne bien de chez nous et on fait un carton en mettant en avant « l'amour grivois à la française » ! Murielle ne sait plus quoi penser. Elle est en surchauffe totale. Il n'y a pas que son utérus qui déraille, son cerveau est en train, lui aussi, de rendre l'âme.

La tristesse a maintenant fait place à la panique. Si elle n'a pas rêvé, alors peut-être que son manuscrit, pour une raison obscure ou totalement farfelue, a réellement séduit cet éditeur ? Murielle est tétanisée. Pour elle, écrire c'est disparaître, mais maintenant qu'elle risque d'être publiée et donc potentiellement d'être lue, tout le monde va la voir.

Et elle n'est pas prête à affronter les regards.

Tourmentée par ses pensées, Murielle ne s'est même pas rendu compte qu'elle n'avait pas appelé sa mère. Une première. Pour une fois qu'elle avait quelque chose d'intéressant à lui dire.

6

— Putain, je suis content de te voir ! Tu ne peux pas savoir ! lance Benoît en serrant Jérôme fort contre lui.

Benoît a très mauvaise mine, mais sauf erreur lui n'a pas de gastro, juste des jumeaux. Pourtant il a l'air d'un déterré, il est pâle et amaigri.

— Moi aussi ça me fait plaisir, mec ! Depuis le temps !

— Murielle, ça va ? demande Benoît pour la forme.

Jérôme a eu un choc en voyant Benoît arriver. Cela fait bien trois, quatre mois qu'ils ne se sont pas vus et, en l'espace de quelques semaines, son ami a pris cher. Jérôme sait que les premiers mois après une naissance peuvent être éprouvants, mais pas à ce point. Il se demande un instant s'il a bien fait d'accepter son invitation.

— Bon alors, vas-y, raconte ! lance-t-il à Benoît, comprenant d'instinct son besoin de s'épancher.

— J'en peux plus, mec ! dit-il en frottant ses yeux rougis par le manque de sommeil.

Benoît prend le temps de savourer sa bière avant de poursuivre.

— Je sais que Murielle et toi avez galéré, mais je suis au point où je me demande si ce n'est pas une bénédiction pour vous de ne pas avoir d'enfant, je te jure !

— Oui, enfin, faut peut-être pas exagérer.

— Ouais, excuse-moi, je sais plus ce que je dis, je suis mort ! Je suis heureux, je ne dis pas, enfin je crois, je suis tellement anesthésié par la fatigue que je ne sais plus ce que je ressens ! On est devenus des robots. Ils dorment pas, jamais, ou quand y en a un qui s'endort l'autre le réveille. Ils savent que bouffer et chialer. Avec Mélanie on ne fait que se prendre la tête ! Je suis obligé de lui mentir, de lui dire que je suis charrette pour piquer un roupillon en loucedé dans la voiture. J'ai plus envie de rentrer chez moi, et le pire c'est que je culpabilise tellement que j'arrive pas à me reposer. Je crois que je ne suis pas fait pour être père ! Même Mélanie le pense.

Jérôme est pris de court. Il s'était réjoui de boire un verre avec cet ancien collègue, il avait envié Benoît d'avoir eu deux enfants d'un coup, un garçon et une fille en plus ! Son ami lui avait donné de l'espoir, Benoît et Mélanie avaient eu recours à une FIV et avaient eu Gabin et Liv, deux petits Schtroumpfs braillards, c'est vrai, mais bien vivants, c'étaient ses gosses, ses enfants, un petit garçon et une petite fille, merde ! Comment pouvait-il lui dire ça ?

Encouragé par le silence de Jérôme, Benoît poursuit sa diatribe.

— En plus elle s'est mis en tête de les allaiter pendant au moins un an, et comme ils ont tout le temps faim, ils sont tout le temps accrochés à ses nibards, elle les sort à table, moi ça me coupe l'appétit. Je reconnais plus ses seins, on dirait deux grosses mamelles prêtes à exploser, je te jure c'est dégueulasse, même moi ça me gêne ! Je me sens un étranger face à eux. J'ai pas ma place.

Benoît reste bouche bée. Il commande deux autres bières, la soirée va être longue.

— Tu sais quoi ? On n'aurait pas dû s'acharner, Mélanie voulait tellement être enceinte, on voulait tellement un enfant, mais quand je vois comment ça se passe maintenant, je vais dire un truc terrible, mais on n'est pas heureux, ces enfants ne sont pas heureux, on dirait qu'ils sont pas contents d'être là, peut-être qu'on n'aurait pas dû forcer la nature. Ou alors on aurait dû adopter, mais des grands, tu vois, tu zappes l'étape couches.

Jérôme ne trouve rien à répondre.

Benoît est assommé par ses propres confidences. Mais putain ça faisait du bien de cracher le morceau. Avec Mélanie, la famille, il doit faire comme si tout allait bien, alors que tout va de travers, eux, leur santé, leurs enfants, leur vie de couple. Il était si fatigué qu'il ne se souvenait même plus pourquoi il avait voulu des enfants. Mais avec Jérôme il était allé trop loin, il le sentait. Tant pis. Il fallait crever l'abcès.

— C'est vrai, pourquoi vous n'avez pas adopté, Murielle et toi ? Il n'est peut-être pas trop tard ?

Décidément, c'était la soirée du grand déballage. Jérôme avait presque de la peine pour Benoît. Murielle a raison, il ne sait pas ce que c'est d'avoir des enfants. Il en a juste rêvé, c'est tout, et ce n'est pas le temps d'un après-midi avec un bébé sagement endormi ou avec leurs neveux qu'il pouvait se faire une idée de la galère que c'était vraiment. Avec Benoît, il découvrait la face cachée, la face sombre de la paternité, la réalité ? Il n'avait jamais entendu un discours aussi honnête et négatif. Son ami était vraiment au bout du rouleau. Et Jérôme était heureux de ne pas être à sa place.

— Murielle ne voulait pas, moi je ne sais pas, c'est compliqué. Toutes ces fausses couches, ça l'a beaucoup éprouvée, physiquement et émotionnellement, et je crois qu'à la fin elle s'est sentie comme indigne d'être mère… Peut-être que c'est toi qui as raison, il ne faut pas forcer les choses… Je suis désolé pour Mélanie et toi, mais c'est sûrement juste une mauvaise période. Vous avez fait fort aussi avec des jumeaux !

Jérôme essaie de détendre l'atmosphère.

— Là vous êtes crevés parce qu'ils sont encore petits, trois mois c'est presque des nouveau-nés, tu vas voir, dans deux mois ils feront leurs nuits et tout ira mieux.

Benoît reste silencieux. Il a peur de ce qu'il pourrait dire encore. Lui, tout ce qu'il voit c'est que dans deux mois ses jumeaux auront encore grandi, qu'ils seront encore plus morfals et qu'ils brailleront plus fort. C'est déjà horrible un bébé qui chiale, alors deux…

— Et la famille, tes parents ? Ou les siens ? Ils ne peuvent pas les prendre, le temps d'un week-end, histoire de vous retaper un peu ?

— Les miens sont en province et Mélanie allaite, je te dis. Déjà avec un, c'est galère, alors avec des jumeaux c'est du non-stop ! Elle a essayé de tirer son lait une fois, ça a été une catastrophe…

Benoît a encore l'image dans la tête. Mélanie humiliée et au bord de la crise de nerfs avec cette pompe à lait sur un sein tandis que le deuxième gouttait frénétiquement dans le vide. Et lui impuissant, inutile, devant Mélanie qu'il ne reconnaît pas depuis qu'elle est partie dans cette croisade épuisante pour l'allaitement intégral.

C'est limite s'il n'est pas passé pour un salaud en proposant de donner un biberon pour la soulager. Comme si prendre trente-trois kilos, porter des jumeaux, accoucher sous haute surveillance, subir une épisiotomie, des hémorroïdes, des crevasses et un engorgement douloureux ne lui avaient pas suffi. La maternité était devenue son chemin de croix et il fallait qu'elle éprouve un peu plus son amour maternel en se lançant dans une course à la perfection. Avec les encouragements de ces nanas hystériques de la Leche League, qui lui ont retourné la tête, cette espèce de secte qui ne jurait que par le lait maternel et où le père n'avait pas son mot à dire. Résultat des courses, Mélanie était devenue l'ombre d'elle-même, elle s'était transformée en machine à traire et pleurait d'épuisement dès qu'elle avait cinq minutes de répit.

Mais lui n'avait pas signé pour ça. La paternité oui, mais pas comme ça.

Il n'est pas maso, lui.

Jérôme pense à Murielle. Quel genre de mère aurait-elle été ? Il a la sienne en horreur et celle de Murielle, Carole, n'est pas beaucoup mieux, dans un autre genre. Il ne l'a jamais beaucoup aimée. Cette façon qu'elle a de toujours l'ignorer, de lui couper la parole au profit de Cathy.

Peut-être que Murielle et lui n'étaient pas faits pour avoir des enfants ? Peut-être que la vie les a, contrairement à ce qu'ils ont toujours cru, épargnés ? Il ne donne pas cher de la vie de couple de son pote. Il ne serait pas surpris d'apprendre leur séparation dans les prochains mois. C'est le genre de nouvelle qui arrive en général après le deuxième enfant, alors avec des jumeaux… Jérôme, lui, n'a jamais songé à quitter Murielle. Même quand ils étaient au plus mal, quand Murielle était en dépression avec son ventre désespérément vide et lui avec son ego à plat. Il l'a trompée, un soir, c'est vrai, avec une nana qui l'avait chauffé dans un bar. Il s'était senti flatté, regardé, estimé, mais par la suite il l'avait vite regretté et s'était senti riquiqui, minable. Il en avait chialé.

Au fond de lui, il sait qu'il pourrait partir, rencontrer une autre femme et avoir des enfants avec elle. Fonder une famille, comme on dit. Son spermogramme est nickel. Il est apte, bon pour la reproduction, même s'il n'a rien du mâle alpha. Mais il ne se voit pas avec une autre. Et tout ce qu'ils ont traversé ensemble, ces jours et ces nuits à pleurer, ces espoirs perdus, ce n'est pas rien. Ensemble ils n'ont pas eu d'enfant, c'est vrai, mais ils ont eu des petits fantômes. Ils ont existé, certes de façon éphémère, mais suffisamment longtemps en tout cas pour les unir, les émouvoir, les bouleverser et les éprouver. Et Murielle et lui portent ensemble les cicatrices invisibles de leur passage. Ces ersatz de bébés ne se sont pas évaporés. Ils sont toujours là, dans leur cœur et dans les recoins de leur pensée. Il ne pourrait pas faire ça à Murielle. Lui faire un enfant dans le dos, avec une autre. Il ne se remettrait jamais de cette infidélité-là. Il repense à leur conversation un peu plus tôt au téléphone. Sa question était stupide. Bien sûr qu'elle a juste une gastro, qu'est-ce qu'il croyait ?

7

Jérôme se sent guilleret, encore étourdi par cette soirée. L'air froid lui pique la peau du visage, mais après ce rendez-vous interminable, c'est presque agréable. Il rit presque, tout seul sur son scooter. Et ce ne sont pas trois petites bières qui le rendent hilare, non, mais son ami Benoît. Plus il pense à lui et plus ça le met en joie. Non pas qu'il se réjouisse de ses malheurs, mais il se sent comme soulagé. Pauvre Benoît ! Plus il l'écoutait dire des horreurs sur Mélanie et ses gosses et plus il se disait qu'il avait échappé de peu à la catastrophe.

Cette soirée plombante lui a fait un bien fou ! Elle l'a guéri pour un moment de la paternité. Quand on entend ce genre de discours, ça vous coupe toute envie. Et rien que pour ça il remercie Benoît. Ce mec en avait pris pour au moins vingt piges, une longue peine qui s'annonçait déjà horrible. Bien sûr il ne pourrait pas dire tout ça à Murielle, elle n'était pas encore capable de l'entendre. Et, comme toutes les nanas, elle prendrait le parti de Mélanie, solidarité féminine oblige, et accuserait Benoît de se comporter en vrai connard ! Piquer un roupillon dans la bagnole pendant que sa femme, épuisée, attendait qu'il prenne enfin la relève avec leurs jumeaux, il fallait le faire ! C'était lâche, c'est vrai. Mais Jérôme ne lui jette pas la pierre. Lui-même est loin d'être un saint. On a beau dire, jamais les hommes ne sauront ce que ça fait en vrai, de sentir son bébé grandir de l'intérieur, du fond de leurs tripes, dans la matrice. Il grandit dans leur cœur, si tout va bien. Si tout ne part pas en couilles comme avec Benoît. Alors non, il ne présenterait pas les choses comme ça. Mais c'est peut-être l'occasion de lui faire comprendre ce qu'il ressent de plus en plus, ce soulagement, de moins en moins coupable, de ne pas avoir d'enfant. Peut-être que Benoît a raison, quand ça ne veut pas, ça ne veut pas. Et que ce n'est peut-être pas plus mal comme ça. Après tout, la nature sait ce qu'elle fait. S'ils avaient des enfants, ils ne pourraient pas partir aussi souvent en voyage, il ne pourrait pas investir autant dans du matériel photo, ils seraient obligés de déménager, d'abandonner leur joli deux pièces avec balcon pour un appartement plus grand en banlieue, et si c'est pour se retrouver dans un F4 merdique à Rosny comme là où il a grandi, non merci.

Jérôme enlève ses baskets sur le palier et fait jouer doucement la clé dans la serrure. L'appartement est plongé dans le noir. Il doit être une heure passée, il n'a pas regardé sa montre et Benoît n'arrêtait pas de parler. Une vraie diarrhée verbale. Jérôme se dirige sans un bruit dans la salle de bains, il ne veut pas réveiller Murielle. Des pièces tombent bruyamment de son jean, merde ! Il se brosse les dents en vitesse, il a une haleine de chacal, le cocktail bière/clope est mortel. Puis se glisse à pas de loup jusque dans leur lit. Là, il tâtonne dans la pénombre pour embrasser les cheveux de Murielle. Ce soir il est heureux.

Profondément endormie, Murielle se tourne instinctivement vers lui. Enfin c'est ce qu'il croit, jusqu'à ce qu'il sente sa main soulever son tee-shirt et se promener sur son corps. Elle est chaude et douce. Il l'attrape et la porte à sa bouche pour l'embrasser. Mais la main de Murielle se rebiffe et continue de l'explorer. Elle s'arrête sur son sexe, qui se dresse, ni une ni deux, comme un bon petit soldat toujours prêt à servir sa maîtresse. Lui aussi semble heureux ce soir. Murielle se rapproche un peu plus jusqu'à se coller comme une ventouse tout contre lui. Maintenant il a une gaule d'enfer. Ça fait combien de temps que Murielle n'est pas venue le chercher comme ça ? Il se réjouit d'apprendre que sa gastro est passée et qu'elle va, de toute évidence, beaucoup mieux. Ils s'embrassent, longuement en silence, discrètement, pour ne pas faire de bruit, ne pas se faire remarquer, surtout après toutes ces années de baise dans le vide, pour rien, stérile. Il réalise qu'il ne l'a pas sentie depuis longtemps, trop longtemps. Ces retrouvailles tant attendues sont émouvantes. Ce n'est pas si souvent qu'elle est chaude, limite chienne. Putain que c'est bon de l'attraper, sans pression, sans obligation, sans arrière-pensée, juste pour le plaisir de se rencontrer.

Murielle est la première étonnée de cet élan charnel. Elle ne dormait pas quand il est rentré, elle souriait toute seule dans le noir en l'entendant prendre mille précautions et faire un boucan d'enfer, elle a gloussé toute seule quand toutes ces pièces se sont explosées sur le carrelage de la salle de bains. C'est idiot, mais ça l'a rendue encore plus amoureuse. C'est à ce moment précis qu'elle a eu une folle envie de lui et qu'elle a mouillé par surprise, comme ça, d'un coup. Quand il s'est penché vers elle, elle s'est laissé emporter par son odeur, elle a toujours aimé son odeur. Plus de dix ans qu'ils sont ensemble et elle n'a jamais pensé à le lui avouer. Elle devrait, pourtant. La chaleur de son corps était comme un appel. Ensuite c'est devenu incontrôlable. Il fallait qu'elle le touche, qu'il la serre, la caresse, la rassure. Leurs baisers étaient pleins, profonds, humides. Et la température est montée encore d'un cran, elle s'est sentie devenir brûlante, assoiffée de sa peau douce, pendant quelques secondes elle ne savait plus qui elle était, juste un corps électrique, jusqu'à ce que la boule arrive et lui fasse mal dans le plexus, puis la gorge. Et Murielle toujours si discrète s'est mise à crier, à hurler même. Un cri sauvage, primaire, retenu depuis trop longtemps qui explose et résonne dans la nuit, la fait fondre en larmes et la laisse pantelante et secouée de sanglots.

Surpris, paniqué, Jérôme s'inquiète.

— Qu'est-ce qui se passe ? Parle-moi, Murielle !

Murielle hoquette, incapable d'articuler.

— Tu me fais peur, dis-moi ce qui se passe !

— Je... je... suis publiée, se force-t-elle à dire.

— Quoi ?

— Je... je suis publiée chez Gallimard !

Jérôme la regarde. Malgré la pénombre, il peut la voir. Il connaît son visage et ses expressions par cœur. Il l'a vue craquer tant de fois, mais jamais avec cet air-là.

— Répète, lui dit-il tout doucement en dégageant les mèches de cheveux qui lui collent au visage.

— Je suis publiée chez Gallimard. Ils adorent mon roman, murmure-t-elle.

Jérôme est perdu. De quoi parle-t-elle ? Tout à l'heure elle avait une gastro, ensuite elle est devenue chaude comme la braise, après elle chiale et maintenant il est question de roman !

— Ton roman ? Mais lequel ?

— Le dernier, mon dernier manuscrit, je ne t'en ai même pas parlé.

— Attends, dit-il en se tenant le cœur, le souffle coupé par l'émotion, avant de poursuivre, la voix tremblante et les yeux brillants dans la nuit.

Ça commençait à faire beaucoup d'informations à gérer pour une seule soirée.

— Répète, je ne comprends pas.

— Antoine Gallimard m'a appelée et m'a envoyé un mail, ce n'est pas une blague, j'ai vérifié, ils veulent me publier, Jérôme j'ai peur ! souffle-t-elle comme si, face au vide, elle s'apprêtait à faire son premier saut en parachute.

Murielle est incapable de prononcer un mot de plus. Jérôme la scrute longuement, pris de court lui aussi. Il se lève, sans savoir pourquoi, poussé par l'adrénaline.

— Putain, Murielle, explose-t-il soudain, la voix au bord des larmes. Murielle, bordel, c'est vrai ? Tu es publiée ?

— Oui, je vais avoir un roman ! pleurniche-t-elle.

Et ils s'enlacent furieusement.

Murielle réalise dans les bras de Jérôme à cet instant précis que, quoiqu'il arrive maintenant, sa vie a basculé. Son manuscrit va devenir roman. Et cette simple certitude l'électrise et la bouleverse comme jamais. Pour la première fois depuis des années, elle a réussi.

D'un coup elle allume la lampe de chevet, se lève et se précipite nue vers son ordinateur portable pour vite lui montrer ce fameux mail, qu'elle n'a pas rêvé et qui prend enfin toute sa dimension avec Jérôme à ses côtés.

« Chère Madame, comme j'ai eu le plaisir de vous l'annoncer au téléphone, votre manuscrit *Ceci est mon corps* a été retenu à l'unanimité par notre comité éditorial. Nous souhaitons le publier au plus vite. Merci de nous confirmer dès que possible votre venue dans nos bureaux.

« Nous avons hâte de faire votre connaissance.

« Bien à vous, Antoine Gallimard. »

— Putain, Mumu, Antoine Gallimard qui t'écrit !! rit Jérôme. Tu te rends compte ?

Tous deux s'accrochent à cette sensation de poils hérissés qui ne peut les tromper : la vie est en train de la récompenser.

— Oui, murmure Murielle, consciente de ressentir quelque chose de fort et d'intense qui irradie douloureusement dans tout son corps. Un immense shoot de bonheur.

De son côté Jérôme, épuisé, détendu, ramolli par cette vague immense d'émotion, n'est pas près d'oublier cette soirée.

8

Cathy a la migraine à force de se creuser la tête pour trouver un thème d'anniversaire original. Avec trois garçons à la maison, elle les avait tous faits ou presque. Pirate, Harry Potter, cow-boy, foot, chevaliers, Spider Man, Super Mario, elle n'avait plus d'idées. Si Gaspard, son deuxième, avait été une fille, elle aurait pu varier les plaisirs et s'en donner à cœur joie avec des fêtes de princesse, elle aurait pu faire une orgie de ballons roses, de paillettes, de cupcakes acidulés et de licornes arc-en-ciel, mais voilà, elle avait eu trois petits mecs. Eliot, Gaspard et Victor. Et elle ne savait plus quoi inventer pour leur organiser une fête digne de ce nom. Elle avait déjà annoncé « l'événement » sur son blog en jouant la carte « surprise », « Vous allez voir ce que vous allez voir » et en espérant ainsi piocher des idées dans les commentaires excités de ses lectrices. Mais rien, nada. Les autres mamans étaient comme elle, à court d'imagination. Et pas question de compter sur Christian pour l'aider, ce genre d'organisation était le cadet de ses soucis. Leur père serait juste présent le jour J, sans se poser de questions, sans savoir comment elle se débrouillait pour créer toute seule une ambiance aussi jolie que festive. Après tout c'était son job de mère au foyer. Chacun le sien. Lui les pépettes, elle la popote. Pour se consoler, elle pensait à toutes ces femmes à travers le monde pour qui il était vital d'avoir un fils. Alors trois, vous pensez ! C'est dire si elle avait tiré le gros lot. Mais surtout elle se glissait dans la peau de sa sœur Murielle en frissonnant, comme on enfile à regret une combinaison en latex trop étroite, toute froide et mouillée. Il faut bien l'avouer, son aînée était sa plus grande source de réconfort. Dès qu'elle avait un petit coup de mou, une certaine lassitude, elle pensait à sa sœur et son moral revenait au beau fixe. L'effet était quasi immédiat. À ses côtés, elle se savait débordée, mais radieuse, privilégiée, épanouie, comblée. C'est bien simple, tout les opposait, jusqu'à leur physique. Cathy était brune comme leur mère, au fil des grossesses elle s'était enveloppée, arrondie, épaissie, mais dans les bons jours elle se considérait comme féminine et même voluptueuse. Tandis que cette pauvre Murielle… sans compter ses problèmes de peau.

C'était d'ailleurs une des raisons pour lesquelles elle ne sollicitait jamais son aide. D'un, sa mère était toujours disponible pour elle et, de deux, elle avait suffisamment l'impression de la narguer comme ça, avec ses trois magnifiques enfants. Ses garçons étaient si beaux, si affectueux, si intelligents, elle les aimait tellement ses petites crapules !

Et pourquoi pas un thème non genré ? Après tout, le sujet était très en vogue et elle pourrait marquer des points, attirer de nouvelles lectrices en faisant un pas vers la mixité ? Cela pourrait donner lieu à un billet, où elle inviterait les lectrices à donner leur avis, à échanger sur le sujet pour donner un coup de pouce au buzz ?

À cinq ans, Victor ne ferait pas trop attention à la déco, et puis il n'avait pas le côté brute que peuvent avoir les petits garçons de son âge. Ou alors un thème animalier ? Et si elle déguisait Victor en petit ours polaire ? C'était génial ! On était fin février, donc parfaitement raccord, Victor serait craquant avec son déguisement et tout le monde se pâmerait sur son compte rendu en photos. Mais quelle bonne idée ! Avec des billes en polystyrène elle recréerait de la neige, une couverture polaire blanche sur les canapés ferait office de banquise, un peu de spray neige sur les vitres et le tour était joué ! Et pourquoi pas déguiser Eliot et Gaspard en pingouins ? Elle voyait déjà la multitude de likes et de commentaires dithyrambiques sur sa page Facebook. Ils seraient tellement mignons ! Plus elle y pensait, plus elle s'excitait sur ce projet, elle allait faire un tabac ! Bien sûr c'était du boulot, mais le jeu en valait la chandelle. Elle imaginait déjà la tête de ses trois garçons, leurs yeux émerveillés devant ce décor digne de Disneyland. « Tu es la meilleure maman du monde ! »

Elle en gloussait de bonheur !

Décidément, elle adorait sa vie ! Elle ne regrettait pas une seconde d'avoir arrêté de travailler. Élever trois enfants, trois garçons de surcroît – car on avait beau dire, les filles étaient plus faciles –, représentait un job à temps plein. Et avec Christian qui courait toujours par monts et par vaux… Non, elle avait fait le bon choix. Sans compter son blog, qui représentait une charge mentale supplémentaire et lui demandait aussi beaucoup d'énergie. Cette course aux courbes d'audience était le plus souvent épuisante. Il fallait l'actualiser régulièrement, trouver des idées de sujets, un angle original, soigner la présentation, s'inspirer de la concurrence sans trop la pomper et flatter ses lectrices, surtout les blogueuses comme elle, en se montrant attentive et attentionnée pour qu'elles cautionnent ou relaient ses posts. Mais ça valait le coup et les avantages étaient nombreux. Des cadeaux, des partenariats parfois, une communauté soudée autour d'elle, de la visibilité et beaucoup de reconnaissance. Tous ces likes, ces commentaires, ces partages, ça la galvanisait. Et plus elle regardait ses photos et ses vidéos postées sur son blog, plus ça la confortait sur son bonheur familial. Et maintenant que ses trois loulous se piquaient au jeu, en participant de bon cœur à ses petites mises en scène, elle s'éclatait encore plus ! Mais avant de les filmer il fallait bien sûr veiller à ce qu'ils aient les cheveux bien peignés, que leurs tenues soient propres et bien assorties, les faire répéter, mais pas trop non plus pour ne pas sabrer leur spontanéité et leur expliquer le concept ou le thème qu'elle avait imaginé. Parfois elle s'énervait parce que Eliot marmonnait et sa voix était inaudible, Gaspard se trompait de mots ou Victor préférait aller jouer dans sa chambre, mais dans l'ensemble ils passaient un bon moment en famille.

Son rêve secret était d'avoir un jour un article sélectionné et d'apparaître en bonne place dans les liens du *Huffington Post*. Elle adorait ce genre de prises de position, sans risque sur le bien-être des enfants ou les contraintes sociales réservées aux femmes. Cathy ne désespérait pas non plus de figurer au moins une fois dans les dix blogs préférés de la rédaction de *Elle*, *Biba* ou *Femme actuelle*. Mais elle savait qu'elle était loin d'arriver à un tel niveau de consécration. La concurrence sur le Net était rude. Et il aurait fallu qu'elle ait un style plus marqué, plus de personnalité dans ses billets. Elle avait conscience d'être un peu *gnangnan,* trop premier degré. Ça manquait de peps et d'impertinence. Parfois elle hésitait à demander des conseils à sa sœur Murielle, dont c'était le métier. Même si ses articles purement pragmatiques sur les animaux ne présentaient aucun intérêt, il y avait une vraie logique, c'était fluide et agréable à lire. En tout cas ceux sur lesquels elle était tombée. Par contre, elle n'avait jamais lu ses écrits « littéraires ». Tous ces efforts pour rien... lui faisaient de la peine et la mettaient mal à l'aise. Pourquoi ne tenait-elle pas un blog, comme elle ? Elle ignorait combien sa sœur en avait écrit, mais pas mal, d'après Jérôme. Mais Cathy ne lui posait pas de questions. La vie de Murielle lui paraissait bien trop vide, trop morbide, surtout comparée à la sienne. Tous ces échecs, ces fausses couches... C'était terrible.

D'ailleurs Murielle non plus n'en parlait pas.

Non, MamanDeTroisLoulous était son quatrième bébé et elle voulait faire comme pour les autres, s'en occuper seule. Elle pensa brièvement à ce vrai quatrième enfant qu'elle avait choisi de ne pas avoir. C'était il y a un peu plus de deux ans maintenant, à l'époque où Christian s'intéressait encore un peu à elle, avant qu'il ne bascule complètement dans ce qu'elle appelle sa drogue dure, la course à pied. Elle n'en avait parlé à personne, même pas à son mari qui ne s'était rendu compte de rien. Dès qu'elle avait compris qu'elle était enceinte, elle avait su qu'elle ne le garderait pas. La tentation d'avoir peut-être une fille s'était fait sentir. Mais non, à l'époque elle était trop fatiguée, Victor n'avait que dix-huit mois et ces trois loulous la comblaient de bonheur. Bien sûr elle s'était sentie mal, elle avait beaucoup culpabilisé, surtout en pensant à sa sœur Murielle, plus ou moins « stérile », elle n'avait pas bien compris quel était le problème. Elle c'était le contraire, elle aurait pu avoir cinq ou six bébés si elle l'avait voulu. Mais voilà, trois c'était déjà beaucoup de travail. Elle s'investissait énormément pour chacun de ses fils et faisait en sorte que Eliot, Gaspard et Victor, se sentent uniques, aimés, désirés. À force de tergiverser, elle s'était dit : pourquoi ne pas le garder et l'offrir à sa sœur, qui crevait de ne pas en avoir ? Après tout elle avait lu des histoires d'enfants, aux États-Unis ou en Italie, portés par une sœur de la mère ou même par une grand-mère. Mais on n'était pas aux États-Unis et elle était incapable d'abandonner son bébé au profit de sa sœur, si malheureuse soit-elle. C'est l'idée la plus idiote qu'elle ait jamais eue, vite passée heureusement.

Elle était allée avorter toute seule, après avoir déposé ses fils à l'école et à la halte-garderie pour

Victor. Seule sa gynéco était au courant, elles en avaient parlé, on lui avait proposé un rendez-vous avec un psy, mais elle avait refusé. Pour elle, c'était une affaire de femmes. Elle ne pouvait pas, ne voulait pas le garder et tant pis pour sa sœur. Après tout, elle n'était pas responsable de sa stérilité.

Bon, elle était très contente de son idée d'anniversaire au pôle Nord. Il ne lui restait plus qu'à dégoter des déguisements d'ourson et de pingouins ou d'élans. Elle irait faire un tour au Marché Saint-Pierre. Ça allait être grandiose. Elle imaginait déjà le potentiel en photos ! Elle pourrait même faire un gâteau igloo ! Elle était fière de faire preuve d'autant de créativité, de générosité en tant que maman. Elle se donnait du mal pour eux, pour sa famille.

Dommage que Christian ne lui en fasse jamais compliment.

9

Le jour J était arrivé et Cathy était dans tous ses états. Elle avait à peine dormi, à deux heures du matin elle était encore dans sa cuisine à faire un deuxième gâteau igloo. Elle avait réalisé dans un sursaut de panique qu'un seul ne suffirait pas pour la vingtaine d'invités. Elle avait été tentée, l'espace d'un vertige, d'en acheter un chez un pâtissier spécialisé, pour se soulager, mais elle avait alors pensé que ce ne serait pas du jeu. Pour son blog de maman, pour ses abonnées, c'était trop facile. S'il suffisait de faire appel à des pros, où était l'intérêt de la suivre ? Et puis ses petits seraient plus touchés si c'était « maman » qui avait cuisiné le gâteau. C'était la tradition. Après plusieurs essais elle avait opté pour un premier modèle, recouvert de Chamallows, et s'était lancée la veille dans la confection d'un autre au mascarpone, pour les adultes. Elle était épuisée, mais satisfaite du résultat. Le matin elle avait profité de ce que Christian allait courir, en le suppliant d'emmener au moins Eliot et Gaspard, « Comme s'il ne pouvait pas faire une pause le jour de l'anniversaire de son fils ! », pour finir son ménage et fignoler la déco. La maison devait être impeccable. Elle avait failli pleurer de joie quand elle avait vu les premiers flocons tomber dans le jardin. Elle s'était sentie bénie des dieux. Mais pas le temps de s'extasier, il fallait anticiper le retour de Christian et des garçons afin qu'ils ne mettent pas de neige fondue partout dans l'entrée ! Une fois ses enfants rentrés, séchés et au chaud, elle en avait profité pour prendre quelques photos d'eux dans ce décor féerique. Le salon tout blanc (oui, c'était insensé pour un anniversaire, mais tellement joli ! et tant pis pour les polaires achetées à cette occasion), des centaines de ballons blancs (elle avait dû louer une machine pour les gonfler, mais ça valait le coup), et pour la petite touche d'humour elle avait acheté des serre-tête rennes pour Christian et elle. Évidemment Monsieur avait refusé de le porter. Dans le genre rabat-joie celui-là ! Enfin, avec les premiers invités, son heure de gloire était arrivée.

Sa mère est la première à passer la porte.

— Ma chérie, comme c'est beau ! Tu t'es donné tellement de mal, je me demande où tu trouves toutes ces idées !

Cathy boit du petit-lait.

— Entre, maman, attends de voir le jardin, il est tout blanc, assorti à ma déco !

— C'est magnifique ! Je vais embrasser mes petits-fils. Ah, Christian, bonjour !

Christian embrasse sa belle-mère et va ranger son manteau dans la penderie. Il n'est pas vraiment rentré des bois de Ville-d'Avray. Il se sent frustré, il n'a pas poussé la machine comme il le voulait, même si ça lui a fait plaisir de transpirer avec ses fils. En tout cas son genou ne l'a pas trop fait souffrir et c'est à peine s'il boite. Quand Eliot et Gaspard seront plus grands, il pourra les initier plus sérieusement à sa passion. Mais s'il veut tenter un trail, il faut qu'il s'entraîne plus dur encore. En attendant il se refera une petite session ce soir, sinon il ne pourra pas dormir.

À l'arrivée de Murielle et Jérôme, une dizaine d'enfants sont déjà là. Ça court partout, Victor est tout rouge dans son déguisement d'ours, Murielle reconnaît bien là l'œuvre de sa sœur. Elle salue de loin sa mère qui détourne vite le regard, accaparée par une conversation avec une maman du quartier. Pour une fois, Murielle ne s'en offusque pas. Depuis « la grande nouvelle », son esprit est entièrement tourné vers son rendez-vous à venir avec les éditions Gallimard. Elle rencontre l'équipe éditoriale mardi. C'est encore très flou pour elle et, depuis qu'elle a répondu au mail enthousiaste d'Antoine Gallimard, elle alterne entre sueurs froides et bouffées de bonheur. Jérôme, lui, est sur un petit nuage, il a accueilli ce grand virage avec une joie non dissimulée. Pour la première fois depuis longtemps, ils sont heureux, *vraiment* heureux.

— Tiens, Murielle, tu connais Emmanuelle, notre voisine et la maman d'Edgar ? Elle est journaliste elle aussi.

Murielle attrape la main tendue d'Emmanuelle, une femme aux cheveux courts, un petit gabarit tout sec qui lui broie les phalanges. Une poignée musclée qui finit de la déstabiliser.

— Enchantée, Murielle.

— Vous êtes journaliste aussi. Pour quel canard ?

Murielle maudit sa sœur de l'avoir présentée sous cet angle, elle ne pouvait pas juste dire qu'elles étaient sœurs ?

— Heu… journaliste c'est un grand mot, disons que je suis rédactrice dans un magazine télé, bredouille-t-elle, horriblement mal à l'aise, et vous ?

— Moi je suis grand reporter à *Match*…

— Ah, formidable, répond-elle en sentant le rouge lui monter aux joues.

Murielle se ratatine sur elle-même. Les « grands reporters », ces hommes et ces femmes qui, au péril de leur vie, vont chercher l'information sous les bombes, dans les zones les plus dangereuses et reculées, près des victimes de guerre, des civils décharnés ou à la rencontre d'enfants soldats. Aux côtés d'Emmanuelle, elle se sent aussi nuisible qu'un rat musqué. Heureusement pour elle, Jérôme vient à sa rescousse.

— Enchanté, Jérôme, le mari de Murielle, se présente-t-il tout sourire.

Depuis quelques jours, il est particulièrement fier de sa femme.

— Emmanuelle est grand reporter à *Paris Match*, bafouille cette dernière.

— Waouh ! Bravo, journaliste ou photographe ?

— Journaliste, mais j'ai la chance de travailler avec un excellent photographe.

Jérôme n'échappait pas à la règle, en tant qu'iconographe et photographe amateur, il avait une grande admiration pour les photographes de guerre.

— Les femmes sont plutôt rares dans ce milieu, non ?

— De moins en moins, heureusement…

— Moi aussi je fais de la photo ! Enfin, pas en pro, même si je ne désespère pas de le faire un jour… mais j'ai investi dans du bon matériel, j'ai un Nikon 500 et…

— D'accord, le matériel c'est bien, mais ce qui compte c'est d'avoir un œil ! Et si tu n'as pas le sens du cadre, ton matériel ne te sert à rien. Enfin si… à faire des jolies photos de mariage…, plaisante la journaliste.

Jérôme rit jaune. Pour qui elle se prend, cette conne ? Et lui qui allait lui proposer de lui envoyer son book…

Cathy n'aimait pas Emmanuelle. C'est un peu volontairement qu'elle l'avait mise dans les pattes de sa sœur, non pas pour mettre cette dernière mal à l'aise, quoique, mais surtout pour éviter que sa voisine colle Christian de trop près. Il leur arrivait de courir ensemble. Et si elle n'était pas très inquiète – jamais Christian ne pourrait succomber au charme de ce garçon manqué, sans seins ni formes –, elle n'aimait pas l'idée de les savoir transpirer ensemble.

— Tout va bien ? leur sourit-elle, mielleuse. On va bientôt souffler les bougies !

Cathy fait le tour des invités et propose une coupette de champagne aux adultes, elle veut des rires et du pétillant pour accompagner son moment préféré, celui qui fait crépiter les flashs et où son petit dernier va souffler son gâteau d'anniversaire.

— Attention… 3, 2, 1 ! Souffle, Victor !

— Bon anniversaire, Victor ! crient tous les invités en chœur, avant de l'entonner en anglais et en espagnol pour faire durer le plaisir.

Cathy, en extase, mitraille ces instants précieux. Elle cherche Christian du regard, mais il ne la voit pas, occupé à resservir les invités en champagne.

Tous applaudissent son petit bonhomme qui n'y tenant plus s'est attaqué à la montagne de cadeaux, sous les regards envieux des autres enfants.

Alors, profitant de l'euphorie collective, Jérôme décide de porter un toast.

— Excusez-moi, s'il vous plaît… s'il vous plaît… voilà. J'ai, enfin « on » a une grande nouvelle à vous annoncer !

Murielle le dévisage, horrifiée. Toutes les têtes sont tournées vers elle. Déjà d'autres cris de surprise et de joie jaillissent.

— Mon Dieu, s'exclame Cathy en se tournant vers Murielle, tu es enceinte ! Enfin… *vraiment* enceinte ! dit-elle pour rattraper ce qui pourrait être interprété comme une maladresse.

— Non, mieux, beaucoup mieux encore !

— Mieux encore ? Heu… vous adoptez ?

— Non, dit Jérôme, ému, Murielle est publiée. Son premier roman va paraître chez Gallimard pour la rentrée littéraire ! dit-il en levant sa coupe en signe de victoire.

Voilà, c'était dit, fallait que ça sorte. Sa fierté était trop grande, trop belle pour qu'il puisse la contenir davantage. L'envie de la partager l'avait surpris le premier. Mais l'ambiance festive, les rires, les bulles de champagne, sa connasse de belle-mère et Cathy qui avait voulu humilier Murielle avec cette pimbêche de grand reporter, c'était trop. Il bouillonnait intérieurement. Alors il avait balancé son scoop, comme on jette une couverture pour étouffer un début d'incendie. Pour être honnête, il avait saisi la première occasion de le faire et celle-ci était en or. La mère et la sœur réunies pour entendre la bonne parole. De son côté, Murielle est rouge pivoine, elle qui déteste être le centre d'attention ne sait plus où se mettre, alors elle finit cul sec son champagne. Sur les visages qui la scrutent, elle lit la surprise, teintée d'un léger doute, comme si cette nouvelle invraisemblable n'avait pas sa place dans ce coquet pavillon de banlieue. Elle essuie ses mains moites sur son jean. Mais qu'est-ce qui est passé par la tête de Jérôme ? Ils s'étaient mis d'accord pour l'annoncer quand le contrat serait signé et le livre sur le point de sortir. Non seulement Jérôme la prenait de vitesse, mais il allait lui porter malheur. Dès demain, c'est sûr, elle va recevoir un mail de Gallimard pour lui dire qu'ils reviennent sur leur décision, ils se sont trompés, ça n'arrive jamais, mais c'est comme ça.

Cathy, elle, est furieuse, oui furieuse, plus personne ne prête attention à son Victor, tous abandonnent leur part de gâteau pour féliciter Murielle et Jérôme, comme si c'étaient eux les héros de la fête. Ils lui ont volé la vedette. Elle avait prévu de faire d'autres photos, mais là c'est la débandade, c'est fichu. Et c'est quoi cette histoire de « bonne nouvelle » ? Elle est la maîtresse de maison et elle n'est même pas au courant, ils auraient pu la prévenir.

Pour qui passait-elle ? Une idiote ? Jérôme avait certainement trop bu. Faire ça à Victor, lui faire ça à elle avec tout le mal qu'elle s'était donné, elle avait envie de pleurer.

— Il sort quand ton livre, c'est un roman ? s'enquiert Emmanuelle.

— Heu… je n'ai pas encore de date… Jérôme s'est un peu emballé, je signe mardi.

Murielle a envie de disparaître.

— Oui, enfin tu oublies de dire qu'ils sont dithyrambiques !

— C'est bon, Jérôme.

Ses plaques rouges revenaient, elle s'échappa dans la salle de bains.

— C'est bien, Gallimard, on ne vend pas forcément beaucoup de livres, mais en termes d'image, c'est prestigieux, poursuit la journaliste. Moi aussi j'ai écrit un livre, chez Stock, une enquête sur le dopage.

Mais Jérôme se fout complètement de son livre. Seul celui de sa femme l'intéresse. Cette nana n'a pas l'air de se rendre compte de la bombe qu'il a lâchée. C'est pour ça qu'il n'aime pas les journalistes, toujours blasés et il faut qu'ils la ramènent sur eux, qu'ils aient le dernier mot.

Murielle se rafraîchit dans la salle de bains quand Carole l'interrompt en entrant sans frapper.

— Ben alors, pourquoi tu ne m'as rien dit ? l'interpelle sa mère.

— Je voulais attendre que ce soit sûr… que ce soit signé.

— Ben, je ne comprends pas, tu sors un livre ou pas ? la coupe-t-elle.

Murielle est tiraillée entre son envie de se faire admirer, rien qu'une fois par sa mère, et sa terreur d'une fausse annonce. Mais c'est tellement rare que sa mère prenne l'initiative de venir lui parler qu'elle décide de saisir cette chance.

— C'est sûr, maman. Je signe mardi, s'oblige-t-elle à articuler.

Carole la regarde longuement et effleure sa joue.

— C'est une bonne nouvelle, je suis heureuse pour toi, Murielle, dit-elle, presque triste, avant de quitter furtivement la pièce.

Murielle en a les larmes aux yeux. Quelle semaine. Quelle journée. Quel regard. Elle est bouleversée.

Elle retrouve Jérôme dans le salon, elle ne lui en veut plus du tout, elle est même soulagée qu'il ait pris les devants.

— On y va ? l'entraîne-t-elle.

— On y va, lui répond-il, souriant.

Les deux nouveaux héros de la fête embrassent les garçons, Eliot, Gaspard et le petit Victor, Christian, Cathy et les autres. Et leur départ semble sonner le glas. Dans un même mouvement, les invités prennent congé de leurs hôtes, les uns après les autres, laissant un grand vide et un immense bazar dans le salon. Le parquet est jonché de cotillons écrasés, de bonbons gluants et de miettes de gâteaux. Soudain très lasse, Cathy enlève son serre-tête renne, Christian avait raison, c'était une idée ridicule. Depuis leurs chambres, les cris de ses fils surexcités la fatiguent. Elle a besoin de silence.

— Je vais courir une petite heure avant qu'il fasse complètement nuit, lui glisse Christian, déjà en tenue de running. Je t'aiderai à ranger en rentrant ! Ciao !

La porte de l'entrée claque et l'agresse un peu plus. La vue des restes écrasés de ses gâteaux igloo lui donne envie de pleurer. En partant, tous l'ont priée « d'encore féliciter Murielle et surtout de les tenir au courant ! » pour son roman. Pas un mot sur ses talents de pâtissière ou son sens incroyable du détail et de l'organisation. Dehors la neige a fondu et, dans la cuvette des toilettes, un dernier invité refuse obstinément de partir. Un étron souvenir, qui joue les petits navires, sans doute laissé par un enfant, mais qui ne lui sera d'aucun réconfort. Seule et abandonnée, Cathy compte désormais sur ses followers pour la couvrir de likes.

10

En déposant Murielle rue Gaston-Gallimard, Jérôme a le sentiment de l'emmener à la maternité. Il ne va certes pas assister à la naissance de leur enfant, mais à celle de sa femme, en tant qu'auteure. Car désormais il y aura un avant et un après, et pour lui c'est tout aussi émouvant et solennel. Comme à son habitude, Murielle n'en mène pas large. Toujours étonnée de se trouver là, sur ce bout de trottoir qui ne ressemble à aucun autre, et de voir enfin à quoi ressemble en vrai cette adresse, tant de fois griffonnée sur une enveloppe. L'hôtel particulier en impose par sa taille et son architecture haussmannienne. Il faut monter trois petites marches, ô combien symboliques, pour atteindre la porte d'entrée transparente, aux allures de coffre-fort. Sans doute en référence à son précieux contenu. Le nec plus ultra du microcosme germanopratin. Elle adresse un dernier regard angoissé à Jérôme, comme si elle se trouvait acculée tout en haut d'un plongeoir de cinq mètres et pénètre dans le hall immense de la maison d'édition. Elle a tellement de mal à croire qu'elle y est attendue. En se dirigeant vers l'hôtesse d'accueil, impeccable dans son tailleur sombre, elle est surprise de découvrir les portraits, noir et blanc, d'écrivains accrochés aux murs. Aussitôt lui vient cette pensée saugrenue : sont-ils la version haut de gamme des employés du mois ? Mais très vite elle est hypnotisée par les visages figés de Claire Castillon, Leïla Slimani, Karine Tuil et Agnès Michaux. Elle n'a tellement rien à voir avec ces femmes de lettres, ces écrivaines belles et charismatiques qui semblent la suivre des yeux jusqu'à la réception. Si elle n'avait pas la nausée, elle s'en amuserait presque. Ses mains moites et froides ne font que renforcer son appréhension à rencontrer des gens de marque.

— Bonjour, je suis Murielle Petit et, heu... normalement j'ai rendez-vous...

D'un geste aimable, l'hôtesse l'invite à s'asseoir sur un des canapés en velours vert sombre.

— Oui, bonjour, Mme Petit est arrivée.

Murielle a froid maintenant, elle frissonne.

Quelques minutes plus tard, une jeune femme élégante au sourire avenant vient à sa rencontre.

— Enchantée, Murielle, je suis Louise d'Ermenonville. Très heureuse de vous rencontrer enfin ! Bienvenue chez Gallimard ! sourit-elle en lui broyant les phalanges.

Murielle se voit la suivre dans un état second, ses talons s'enfoncent dans la moquette épaisse, puis plus rien. L'étrangeté de la situation, son hyperréalité, l'émotion, c'est trop pour elle, son cerveau fait un court-circuit. Le trou noir. Elle ressort une heure plus tard, un peu hagarde, une enveloppe en papier kraft dans la main droite. Dans l'enveloppe, le contrat. Son contrat, son tout premier contrat d'édition. Une fois dehors, elle appelle Jérôme. « C'est fini », dit-elle d'une voix morne, pour qu'il passe la chercher.

Il arrive presque en courant quelques minutes plus tard.

— Alors ? s'impatiente-t-il.

— Alors voilà, dit-elle en lui montrant l'enveloppe.

— Ça y est ? Tu l'as signé ?

— Non.

— Mais pourquoi ? demande-t-il, soudain inquiet.

— Ben… parce que je dois le relire !

Jérôme la dévisage, agréablement surpris, et l'embrasse. Et c'est comme si le contact de ses lèvres sur les siennes la sortait de son hypnose. Et qu'enfin elle prenait conscience de ce qu'elle venait de vivre. Lui reviennent en flash-back les quelques bribes de leur conversation, ou plutôt du monologue de son éditrice Louise d'Ermenonville, tandis qu'elle l'écoutait hébétée sur sa chaise. Parce que oui, apparemment elle a une éditrice et une attachée de presse aussi qu'elle a rencontrée mais dont elle n'a pas retenu le nom. Le roman est prévu pour la rentrée de septembre, ils gardent le titre *Ceci est mon corps*, ils y croient tous très fort, avec son écriture âpre, tendue, à fleur de peau, son roman ne va pas manquer de bousculer cette rentrée littéraire. « C'est une histoire qui chamboule, qui dérange, qui surprend, c'est un roman à prix ! » Ils espèrent déjà une adaptation cinéma, ils ont suggéré des noms de réalisateurs susceptibles d'être intéressés, comme Lars von Trier, ils mettront un *scout* sur le coup, mais on verra plus tard, rien ne presse, et dans l'édition tout est question de timing. Voilà, c'est fait, Murielle Petit est écrivaine.

11

— Huit pour cent ? C'est bien, tu crois ? s'interroge Jérôme.

— Comment veux-tu que je sache ?

— Ben, on devrait peut-être le faire lire à un avocat ?

— Mais ça va pas ! Déjà que je n'ai pas été très réactive avec le mail, je ne vais pas en plus les faire poireauter une semaine ! Et puis, franchement, tu crois que je vais mégoter ? C'est Gallimard quand même.

— C'est vrai.

Deux heures qu'ils épluchent le contrat, décortiquent l'à-valoir, les droits d'auteur, la multitude d'alinéas, les droits de reproduction, les droits numériques, les droits audiovisuels, mais plus pour le plaisir de l'avoir dans les mains que pour la lecture en elle-même. Pour des novices comme eux, il est incompréhensible. Pour des novices comme eux, il est extraordinaire.

— Bon, je le signe !

Jérôme lui tend le premier stylo qui lui tombe sous la main.

— Attends, t'as pas mieux ? Je vais pas le signer au bic quand même ? glousse-t-elle.

— Ça y est ? Madame a des goûts de luxe ?

Jérôme est bien content parce qu'il a justement prévu de lui offrir un superbe Montblanc, pour ses futures dédicaces.

— Voilà.

Murielle contemple sa signature en bas du contrat, en bonne place, juste en dessous de l'endroit désigné par : « L'AUTEUR », à une distance respectueuse de la signature de « L'ÉDITEUR ». En fait c'est comme signer un recommandé ou un chèque, il ne se passe rien, pas de lancer de cotillons ni de bouchon de champagne qui saute, ça prend deux secondes et pourtant c'est toute sa vie qui change. Elle glisse le contrat dans l'enveloppe et la referme. Il n'y a plus qu'à la poster. Ce que Murielle décide de faire sur-le-champ, elle a attendu ce jour si longtemps. Mais, une fois l'enveloppe glissée dans la boîte aux lettres, elle est prise d'une angoisse.

— Merde, merde, merde ! J'ai oublié de mettre un mot ! Oh la cata, la cata, la cata, mais quelle conne ! Quelle conne ! Ce n'est pas possible d'être aussi nulle ! fulmine-t-elle soudain.

— Oui, bon ça va, Mumu, ce n'est pas si grave, non plus.

— Mais qu'est-ce que tu racontes ? C'est juste une question de politesse pour la personne qui ouvre l'enveloppe, pour qui je passe moi ? Au minimum on met un post-it ! On ne balance pas un contrat comme ça, c'est hyper violent !

Jérôme s'agace de cette volée de bois, mais il prend sur lui pour ne pas aggraver son stress.

— Bon, Murielle, respire, tu n'auras qu'à envoyer un message à ton éditrice (il adorait prononcer ce mot) et la prévenir, sans en faire des tonnes, que tu as « omis » d'accompagner ton contrat d'un petit mot. Entre nous, elle s'en tape de ton mot ! Ce qu'elle veut, c'est ta signature !

Mais Murielle est trop bouleversée pour faire la part des choses. Encore une fois, elle a réussi à gâcher un moment de plaisir, de grand bonheur même ! Bien sûr elle allait envoyer un message pour s'excuser, mais ça faisait vraiment godiche et tellement amateure ! À peine entrée dans la maison, elle se montrait déjà indigne de Gallimard ! Ce n'est pas Leïla Slimani ni Claire Castillon qui agiraient de la sorte. Elles glissaient très certainement un joli bristol, accompagné d'un mot spirituel et personnalisé, écrit d'une belle écriture, à l'encre de Chine et sans bavure ! Elles n'envoyaient pas des mails : « PS : pardon pour l'oubli. » Elle n'était qu'une plouc, une petite rédactrice de rien du tout. Tout juste bonne à écrire des pages animaux sur du papier qui tache ! Et dire qu'elle s'était crue un instant écrivaine !

— Bon, tu te calmes, oui ? Allez c'est bon, je me casse, j'ai ma dose ! Les crises d'angoisse, de larmes quand ça va pas je comprends, mais pas quand tout va bien, merde ! Faut apprendre à te calmer un tout petit peu ! Au lieu de te réjouir, tu fais un pataquès pour un putain de post-it oublié !

Murielle regarde Jérôme s'éloigner, furieux. Sa colère soudaine l'a prise de court. Ce mouvement d'humeur ne lui ressemble pas. Il a raison, elle gâchait tout, TOUT.

Elle ne savait pas pourquoi elle réagissait comme ça. C'est vrai que c'était déroutant. Il y a dix minutes encore ils étaient heureux et là, la boulette. L'angoisse avait surgi d'un coup, comme une remontée d'égout. Elle en avait marre, tellement marre. De là à penser que Jérôme allait la quitter… Il aurait dû le faire depuis longtemps, d'ailleurs. Qu'est-ce qu'elle avait à lui offrir ? Rien, que dalle, à part un mal-être qui lui colle à la peau. Piteuse, désemparée, elle pense à Jacques, son père, il lui manque tellement, là, tout de suite, elle n'aspire qu'à une chose, qu'il la réconforte et la tienne serrée dans ses bras chauds, comme lorsqu'elle était petite. Sa grosse main ferme et douce dans la sienne. Son père était parti trop tôt, emporté par une crise cardiaque, la veille de ses douze ans. Un malheur de plus, pour elle, pour sa famille. Sauf que ce jour-là elle avait perdu beaucoup plus qu'un père. Elle était aussi orpheline d'une mère, celle que Jacques avait été toute sa vie pour elle.

Murielle remonte sa rue, triste et indifférente aux passants toujours plus pressés qui s'activent autour d'elle. Il faut qu'elle prenne sur elle, qu'elle fasse des efforts. Elle déteste se disputer avec Jérôme. Elle ne supporterait pas de le perdre.

12

Les épreuves du roman sont arrivées par la poste, elles l'attendent depuis le matin sur la table de la cuisine, là où elle avait passé tant d'heures à écrire son manuscrit. Un retour à la source en somme. Louise (elles s'appelaient par leur prénom maintenant et se tutoyaient) l'avait prévenue de leur arrivée imminente. « Prends bien le temps de les lire, tu verras, la correctrice a fait un super boulot, elle a mis quelques suggestions, mais c'est toi l'auteure, c'est ton texte, toi qui décides, bien sûr, le mot final te revient. » Murielle était très impressionnée que cela soit désormais Gallimard qui lui envoie des enveloppes à bulles. C'étaient eux maintenant qui griffonnaient son nom et son adresse sur l'étiquette. Et ce renversement des rôles était vertigineux. Murielle prend le temps de s'asseoir, de contempler l'enveloppe et de la serrer contre son cœur avant de l'ouvrir. C'est le plus beau cadeau qu'on lui ait jamais fait. Ses doigts l'ouvrent maladroitement. En découvrant les premières pages de son manuscrit, les larmes lui montent aux yeux. Quel choc de voir son texte paginé, de lire son nom Murielle Petit et celui de Gallimard réunis sur la page de titre. C'est troublant. C'est son texte, mais plus son manuscrit. Ce sont des mots d'auteur, relus, corrigés, validés et mis en valeur. C'est un roman. *Son* roman. L'émotion la submerge. Bouleversée, Murielle regarde ses épreuves, comme on se penche au-dessus d'un berceau, avec adoration, crainte et émerveillement. Elle décide de les lire plus tard, ses mains tremblent trop et elle a peur de faire voler les 497 pages au sol.

Murielle est tellement sur son petit nuage qu'elle n'a pas entendu Jérôme rentrer. Il la regarde en souriant, depuis le seuil de la porte de la cuisine.

— Alors ? demande-t-il malicieux.

Murielle lâche un long soupir de satisfaction.

— Alors, je te présente *Ceci est mon corps*, un roman de Murielle Petit, aux éditions Gallimard.

Jérôme sourit.

— C'est un bien bel enfant, j'ai hâte de le découvrir.

— C'est vrai que tu ne l'as pas lu celui-là…

Un oubli à mettre sans doute sur le compte de la nature même du manuscrit, différent, à bien des égards, de ses précédents. Un texte plus libre et, sans aucun doute, plus personnel.

— Non, mais je crois que je vais attendre qu'il soit publié pour le faire, sa lecture n'en sera que plus belle. Ça ne te dérange pas ?

— Pas du tout, tu le lis quand tu veux…

— Merci.

— Non, toi, merci.

En prononçant ce mot Murielle réalise qu'elle le prononce assez peu. Alors qu'elle en a tant qu'elle voudrait lui dire : Merci Jérôme d'être là depuis toutes ces années, merci d'être si compréhensif, merci de me soutenir envers et contre tout, merci de m'avoir accompagnée dans ces moments si difficiles, merci de ne pas me juger, merci de me supporter, merci de ne pas m'avoir reniée, merci de m'aimer. Car soyons honnête, combien seraient partis avec une autre ? Une femme normale, fertile, féconde ? Ne serait-ce que par instinct de survie, parce que c'était dans les gènes de tous les mâles de vouloir se reproduire. Elle avait tellement de chance de l'avoir rencontré et qu'il n'ait pas fui en prenant ses jambes à son cou. Comme l'avait fait son père à lui. Bon, en même temps, malgré ses nombreux défauts, elle espérait ne pas être aussi pénible que Nicole, sa belle-mère. Pourtant cette femme insupportable avait élevé, malgré elle, un fils en or.

— On va fêter ça ? suggère l'homme idéal.

— Oui, et c'est moi qui t'invite.

Elle avait retenu la leçon, pas question de gâcher cette soirée.

13

« Jérôme c'est maman, bon, encore une fois je tombe sur ton répondeur, j'aimerais bien te parler, quand est-ce que vous venez me voir ? J'ai eu Murielle, il paraît qu'elle sort un livre ? C'est bien, mais je lui ai dit y en a trop ! Tu te rends compte, à chaque rentrée littéraire y en a plus de cinq cents, comme si on avait les moyens et le temps de tous les lire ! De toute façon moi je ne lis pas, je ne peux pas, avec mes migraines, j'ai des problèmes de concentration, et puis j'ai pas les moyens, et Macron qui veut encore nous sucrer nos retraites ! Je serre la vis tous les jours, tiens hier j'ai pas acheté de lait exprès, tu as vu le prix du lait ? Et ces pauvres éleveurs bretons qui se saignent, y en a même qui se pendent dans leur étable, tu te rends compte ? Tu vois, finalement ce n'est pas plus mal que vous n'ayez pas d'enfant, vous avez bien raison, là aussi y en a trop, de toute façon la planète va bientôt exploser, y a déjà presque plus de banquise à cause du réchauffement climatique et de la sécheresse, et pourtant il n'arrête pas de pleuvoir, y a plus de saisons, tous ces petits orphelins, ça me fend le cœur, l'autre jour je suis tombée sur les petits Syriens dans *Paris Match* chez le coiffeur, c'est mon seul luxe le coiffeur, je préfère me priver de lait que de coiffeur, j'en avais les larmes aux yeux, les pauvres petits se font gazer, tu te rends compte ? Et quand ils ne se font pas bombarder, ils meurent de faim ! Mais dans quel monde on vit ! Ça m'a retourné le cœur de voir ça, des petits bouts en sang, on ne devrait pas montrer de telles horreurs, qu'est-ce qu'on peut y faire ? Rien ! Bon alors quand est-ce que vous venez déjeuner ? J'ai pris des cordons-bleus chez Picard, ils étaient en promo, tu les adorais quand tu étais petit, tu te souviens ? Bon, Jérôme, c'était maman, rappelle-moi ! »

Il y avait longtemps que Jérôme n'écoutait plus les messages de sa mère, il n'avait plus le courage. Elle le plombait. Rien que le son de sa voix lui était insupportable. Geignarde, pleurnicharde, à baffer. Il avait beaucoup de mal à la voir et encore plus d'être vu avec elle. Jérôme avait honte de sa mère. Son visage sinistre aux traits tombants, sa peau grise devenue trop grande et ses cheveux trop secs lui étaient douloureux à regarder. Il n'aimait pas beaucoup cette femme, mais c'était sa génitrice et personne ne reste insensible à sa mère. Elle sentait l'humidité et le moisi, à l'image de son esprit racorni par la maladie. Longtemps il avait haï son père pour l'avoir abandonné, l'avoir laissé seul aux mains de cette femme dépressive et autocentrée. Et puis en grandissant il avait fini par lui pardonner. Vivre avec elle était insupportable. Sans le connaître, il comprenait ce père fuyard. S'il avait pu, il aurait fait pareil. Dernièrement il s'était demandé si, au fond, ce qu'il aimait le plus chez Murielle, ce n'était pas sa stérilité. C'était la garantie qu'elle ne deviendrait jamais comme sa mère. Et même si Murielle et sa mère n'avaient rien en commun (bon, Mumu pouvait être très chiante), il n'aurait pas voulu prendre le risque d'infliger ça à un gamin.

14

— Murielle, tu es assise ?

— Heu… oui.

Quand son éditrice Louise d'Ermenonville l'appelait, c'était toujours pour lui annoncer de bonnes nouvelles. Cette dernière préférait le faire en personne, plutôt que de déléguer à Agathe, l'attachée de presse, dont c'était pourtant le job. Mais elle se voulait aux petits soins pour son auteure « vedette ». Murielle était si fraîche, si attachante. Et ces derniers temps Murielle l'avait très souvent au téléphone.

— Augustin a adoré ton livre ! Tu penses bien qu'on lui avait envoyé les épreuves reliées, je te parle bien sûr d'Augustin Trapenard, de France Inter !

— C'est merveilleux, balbutie Murielle, qui bien sûr connaissait le journaliste, mais de réputation seulement.

— Et tiens-toi bien, non seulement il va te consacrer une chronique, mais il envisage de soumettre *Ceci est mon corps* pour le prix Franz Hessel, où il est juré ! Tu te rends compte, Murielle ? Il va falloir t'habituer aux flashs ! rit-elle. Et en parlant de ça, j'ai demandé à Agathe, qui va te contacter à ce sujet, de t'organiser au plus vite une séance photo pour avoir des portraits pour la presse. Il faut que tu nous donnes tes dispos et on s'adaptera. Je suis si heureuse pour toi, Murielle, et tu vas voir, ce n'est que le début !

Murielle hésitait entre pleurer et s'évanouir. Toutes ces émotions, tous ces retours positifs, c'était trop pour elle. Elle ne savait pas comment le dire à Louise, son enthousiasme était tellement communicatif, limite envahissant. Et la vérité c'est qu'elle appréhendait de plus en plus ses appels. D'un côté elle était heureuse de ne pas la décevoir, à l'image du canasson sur qui on a parié et qui, contre toute attente, pulvérise tous les pronostics. Mais de l'autre, ça la terrorisait. Plus Louise lui annonçait de bonnes nouvelles – telle journaliste qui l'avait appelée pour lui dire à quel point elle avait aimé son livre –, et plus elle se sentait mal. Comment se réjouir de cette comédie ? Tous ces gens éduqués, cultivés même, avaient-ils vraiment *lu* son livre ou était-ce simplement le cirque habituel ? « Gallimard » sur la couverture était-il en soi un label qualité ? Sans doute, après tout il y en avait bien un sur le poulet. Les consommateurs avaient besoin d'être rassurés. Se faire publier, par un éditeur aussi prestigieux de surcroît, tenait déjà tellement du miracle ! Aussi pensait-elle alors avoir déjà explosé son forfait bonheur. Dans son esprit, son roman allait vite être noyé dans la masse des livres de la rentrée littéraire. Elle pensait en toute logique se faire manger par les plus gros poissons. Les stars ne manquaient pas dans le milieu littéraire. Et Murielle figurait la première dans leur fan-club. Elle espérait juste en vendre cinq cents, ce qui était déjà beaucoup quand on partait de zéro, et revenir tranquillement à sa routine. Elle aurait ensuite le reste de sa vie pour penser à cette grande fierté d'avoir été un jour publiée. Son roman serait bien en place sur une étagère, elle pourrait le feuilleter à loisir comme un album de photos souvenirs. Et basta. Mais au lieu de cela Louise et Agathe, encouragées par les retours positifs des journalistes qui avaient reçu les épreuves brochées en avant-première, lui parlaient « plan média », « service de presse », « promo », « interviews », « radio », « télé » ou encore « salons littéraires ». Murielle n'arrivait pas à se réjouir tant ces perspectives de rencontres la paralysaient.

Et maintenant une séance photo ! Son calvaire. Jérôme savait que, pour la photographier, il fallait le faire par surprise, elle détestait poser et encore plus se voir, le sourire coincé en 4×4.

— Tu verras, le photographe est un pro, très gentil, il a l'habitude des auteurs. On travaille toujours avec lui, prévois une demi-journée et, si tu as besoin de conseils, Agathe sera ravie de venir jeter un œil dans ton dressing.

Et Agathe qui menaçait de débarquer chez elle ! Elle n'allait pas être déçue, ses étagères étaient remplies de Damart !

— Heu…

— Ou sinon vous faites une virée shopping, ça passera en note de frais, ne t'inquiète pas ! On veut juste que tu te sentes belle sur les photos, à cette allure tu vas vite te retrouver dans *Elle* ! Je sais qu'Olivia de Lamberterie est justement en train de te lire…

Murielle sentait les démangeaisons arriver, les plaques se propageaient sur son cou et sa gorge telle une marée rouge.

— D'accord, heu, je vais voir avec Agathe alors, réussit-elle à articuler.

Elle voulait raccrocher, en finir tout en ne lui donnant aucune raison de s'inquiéter. Face à Louise, à la confiance aveugle que cette dernière lui manifestait, elle se devait d'assurer, malgré le tremblement intérieur, malgré les cris d'horreur qui se cognaient dans sa tête, malgré la vague de panique terrifiante qui montait.

— Bon, je te laisse, Murielle, tu dois être très occupée, je te laisse travailler, bonne journée ! lui dit-elle d'une voix chantante.

En effet Murielle avait du pain sur la planche, un article sur « L'asthme chez le chat », qu'elle se sentait là toute de suite incapable d'écrire. Elle était trop bouleversée. Elle n'avait encore rien dit au boulot, pas un mot à Yannick ou Karène ou quiconque d'ailleurs, pensant que son roman passerait totalement inaperçu. Mais si elle en croyait Louise, il fallait maintenant qu'elle songe à en parler. Encore un moment pénible en perspective.

Puis elle imagina Agathe, toute pimpante et coquette du haut de ses trente ans, débarquer chez elle et farfouiller dans son armoire… C'était tellement grotesque ! Gentil, mais inenvisageable. Murielle avait un style très basique : jean et pulls unis à cols ronds (ils cachaient mieux ses rougeurs), sa seule coquetterie résidait dans une petite collection de foulards (astuce numéro deux, en cas de grosse panique). Le choix était vite fait.

Quant à faire du shopping, il n'en était pas question. Elle détestait ça et achetait tout en ligne, rien de mieux pour faire tranquillement ses essayages chez elle. Elle réfléchit au mail qu'elle devait vite envoyer à Agathe qui dirait en d'autres termes : OK pour une séance photo, mais pour ce qui était de son « look », pas question de s'endimancher.

Elle connaissait un peu la presse et savait que plus ses photos seraient moches (et avec elle dessus, elles ne manqueraient pas de l'être), moins elles avaient de chance d'être publiées.

Aujourd'hui elle ne se sentait pas d'annoncer la publication de son livre à son entourage professionnel. Elle avait déjà honte en pensant à tous ces gens, peut-être même Yannick, qui allaient la lire. Son rédacteur en chef était curieux, il ne manquerait pas de lire *Ceci est mon corps* et il allait tomber de haut ! Ce récit, entre conte onirique et érotique, racontait l'histoire de Clara, une femme condamnée à la stérilité qui pour expier sa faute se donnait aux hommes. Elle sacrifiait ce corps devenu inutile en s'offrant, telle une proie consentante, à tous les pervers sexuels. Elle se laissait violer, voire dévorer par tous ceux qui le souhaitaient, afin d'épargner ses sœurs, fécondes, elles. Un délire littéraire, loin, très loin de *Mon chien ce fugueur.* Qui de Yannick ou elle allait être le plus gêné ? Au vu de ses palpitations, *elle*, très certainement. Murielle avait mis ses tripes et ses pensées les plus secrètes noir sur blanc, sans se douter un instant qu'elles voyageraient au-delà de son fichier Word.

Arrivée chez elle, elle trouva Jérôme occupé à préparer le dîner, affublé du tablier de cuisine personnalisé qu'elle lui avait offert, « Jérôme Chef Barbecue ». Il cuisinait une de ses spécialités, la lotte à l'armoricaine. Une odeur d'ail et d'oignon flottait dans l'appartement.

— Hum… ça sent bon ! dit-elle en l'embrassant.

— Ça va ? demanda-t-il d'un air enjoué derrière ses fourneaux.

— Bof…

— Comment ça, bof ?

— Ils m'ont filé un rendez-vous pour une séance photo, apparemment c'est indispensable pour la promo. J'ai l'impression que Louise s'emballe, mais heureusement j'échappe à sa séance humiliante de relooking !

— La séance photo ?

— Oui, les portraits pour la presse… Elle croit que je vais finir dans *Elle* ! Ça devient n'importe quoi.

Murielle n'osait pas trop se plaindre, elle savait que ça énervait Jérôme et, depuis « l'histoire de la poste », elle veillait à ne pas le faire.

— Mais heu…, dit-il, soudain soucieux, en s'essuyant les mains sur son tablier de cuisine, on n'avait pas dit que c'était moi qui me chargeais de les faire, justement, ces photos ?

La cata. Murielle avait oublié cette conversation. Il y a quelque temps de cela, Jérôme avait proposé de lui faire des jolis portraits, « nature ». Elle avait approuvé, heureuse de sa proposition et de lui faire plaisir par la même occasion. Elle blêmit, cette fois.

— Tu ne lui en as pas parlé, n'est-ce pas ? En fait t'en as rien à foutre que je te prenne en photo ?

— Mais pas du tout, Jérôme, c'est juste qu'elle m'a prise de court. J'étais au journal, je n'ai pas percuté et sur le moment je n'ai pas pensé à lui dire... J'étais plutôt tracassée par le fait qu'elle m'envoie Agathe pour fouiller dans mon armoire, tu vois !

— Non mais c'est bon, j'ai compris, dit-il en lui tournant le dos.

— Ah non, s'il te plaît Jérôme, pas toi, me fais pas la gueule pour *ça*...

— C'est bon, j'ai compris je te dis, t'inquiète pas, d'ailleurs, je ne vais pas te faire chier plus longtemps avec mes petites photos, dit-il en ôtant son tablier.

— Jérôme ! S'il te plaît, écoute-moi ! Ils bossent avec un photographe, c'est lui qui fait tous leurs portraits. Je te jure que je n'y ai pas pensé, Jérôme, mais je vais le faire si tu veux !

— « Si je veux » ? Madame me ferait l'honneur, que dis-je l'aumône de poser pour moi ? Attends, moi c'était pour te faire plaisir, parce que je sais que ça te fait chier de poser ! C'était un clin d'œil entre toi et moi ! Mais tu as raison, prends un pro, pas un tocard comme moi. Sur ce, je vais faire un tour, en fait ça pue d'un coup, ici !

Et il claqua la porte, laissant Murielle effondrée. Mais qu'avait-elle fait, qu'avait-elle dit encore ? Elle avait bien vu que ça lui faisait plaisir et comme toujours il avait raison, c'était adorable de sa part. Décidément, sa connerie était sans fond.

15

Jérôme avait les boules. Il était furieux, vexé, blessé. Que Murielle le traite avec une telle légèreté, lui qui s'était montré si présent, si solide pendant toutes ces années, le dégoûtait. En fait, il ne comptait pas, il était juste une putain de béquille, mais maintenant que Madame cartonnait, elle n'avait plus besoin de lui. Bien sûr il savait que c'était faux, ses pensées étaient guidées par la colère et la mauvaise foi, mais, piqué au vif, il avait besoin de se défouler. Il s'en voulait tellement. Il s'était naïvement réjoui de cette séance photo et plus encore de voir ses portraits publiés en quatrième de couve et dans la presse. C'était pour lui aussi une occasion de briller. Et après tout, il était photographe, merde, elle le lui avait suffisamment dit et répété ! Lui aussi avait droit à son coup de pouce ! Lui aussi en avait bavé et lui aussi avait du talent. Et c'était une jolie histoire dans l'histoire. Murielle publiée chez Gallimard et lui, son homme, qui signait ses portraits. C'était une façon d'être encore plus complices, unis dans le succès. Et qui sait ? Il aurait peut-être eu d'autres occasions, d'autres commandes ? Mais Murielle l'avait zappé. Elle avait même complètement oublié cette proposition, qui était par contre dans toutes ses pensées à lui. Il avait été jusqu'à faire des repérages sans le lui dire, pour ne pas l'affoler. Il avait passé des heures à scruter des portraits d'écrivains célèbres, en étudiant la lumière, le cadre, mais quel con ! Mais qu'est-ce qu'il s'était imaginé au juste ? Bien sûr, évidemment que Gallimard allait faire appel à un pro. Et il eut honte. Honte de s'être emporté contre Murielle qui n'avait rien fait et honte de vouloir profiter de son rêve, pour tirer un peu la couverture à lui. Il devait rester à sa place. C'était elle la vedette, pas lui. C'était elle qui avait du talent, pas lui.

Jérôme s'arrête dans un bar. Il a besoin d'une bière avant de rentrer et s'excuser. L'ambiance joyeuse et animée qui règne autour de lui finit par l'apaiser. Déjà il lui envoie un sms. « Pardon, j'ai déconné. Tu peux éteindre, STP ? Ma lotte va être trop cuite… histoire de ne pas complètement gâcher cette soirée. Je t'aime. »

Le message de Murielle ne tarde pas. « OK, moi aussi je m'excuse. Rentre vite s'il te plaît, je t'aime encore plus. »

Il se sentait déjà mieux, sa colère était retombée. Fallait qu'il ait les reins plus solides, qu'il ne se laisse pas déstabiliser aussi facilement. Lui aussi aurait son heure, mais pour le moment c'était celle de Murielle. Il suffisait d'être patient. Murielle avait bossé dur et sa persévérance avait fini par payer. Il fallait garder son calme, les prochaines semaines s'annonçaient tendues. Entre Murielle qui stressait de plus en plus, la sortie proche de son roman et l'attention et les réactions qu'il ne manquerait pas de susciter. C'est vrai que son histoire avait l'air *strange,* mais le peu qu'il en avait lu (il n'avait pu s'empêcher de jeter un œil aux épreuves) l'avait bien fait marrer. C'était culotté. Et il n'avait aucun doute sur ses qualités d'écriture. Cette nana qui se faisait sauter par tout le monde, c'était tellement éloigné de Murielle ! On pouvait difficilement y voir un fantasme. Sa sœur et sa mère allaient faire un infarctus, c'est sûr. Il en riait déjà. Quant à la sienne, il y avait peu de chances qu'elle l'achète. Elle ne lisait pas, trop accaparée par sa dépression. Bon, c'était injuste, mais tellement vrai. Elle lui avait encore laissé un message, quand est-ce qu'elle allait le lâcher ? Dans un sursaut de culpabilité, il se força à l'écouter : « Jérôme, c'est maman, il est quelle heure ? Je crois que j'ai trop dormi, vous venez quand ? Appelle-moi, c'est maman. » Putain. Il savait qu'elle dormait non-stop, confondait les dates et les heures, assommée par ses antidépresseurs et son traitement au lithium qu'elle prenait à toute heure du jour et de la nuit. Jérôme ne supportait pas sa mère, et pourtant il lui suffisait de l'entendre ou juste de penser à elle pour se retrouver avec elle, dans l'ambiance de son appartement miteux. Il le savait, ce nouveau message qui s'était affiché et l'attendait sournoisement depuis des heures avait allumé la mèche de sa mauvaise humeur. C'est à cause de lui s'il s'était montré aussi nerveux et susceptible. Comme si chacun des messages de Nicole était une aiguille plantée dans une poupée vaudoue à son effigie. Elles lui faisaient mal et lui étaient néfastes. Sa mère avait le don de le tirer vers le bas. Avec elle il se sentait coincé. La voir lui était insupportable, tout en le faisant souffrir de la savoir seule. Cette femme était à la fois son supplice et son boulet.

Une fois sa bière finie, il paye et sort. L'air de Paris le ravive un peu, rien à voir avec celui, suffoquant, de Rosny. Cette histoire de roman arrive vraiment au bon moment, ils auront enfin d'autres choses à penser et, rien que pour ça, putain c'est réjouissant.

16

La séance photo tant redoutée était arrivée. Murielle avait mis toutes les chances de son côté en allant le matin même chez le coiffeur pour un brushing. Agathe l'avait également discrètement encouragée à se faire maquiller. « Quelque chose de naturel, mais qui donne bonne mine. » Elle avait compris le message : la couperose et les joues fluo, ce n'est pas possible. Elle qui ne se maquillait jamais trouvait le résultat honnête. L'esthéticienne avait fait le job. Son teint unifié et harmonieux faisait ressortir ses yeux verts. Le blush marron en petites touches avait fini de la mettre en confiance. Elle avait également pris la précaution de s'acheter un déodorant « antitranspirant intensif » pour éviter les auréoles sous les bras, sa deuxième hantise. Murielle respire toujours quand elle arrive sur le lieu de rendez-vous, un bar à Pigalle. Une adresse suggérée par le photographe, Ricardo. « Tu verras, c'est un Brésilien, mais il parle très bien français, il est adorable et surtout il a l'habitude ! C'est lui qui a fait la série de portraits de Leïla Slimani, tu as vu comme elle est belle sur les photos ? » Ce qu'Agathe oubliait de dire c'est que Leïla Slimani était belle aussi dans la vie. Mais Murielle préférait ne pas y penser. Elle s'était bien préparée pour cette séance photo, coachée par Jérôme qui lui avait prodigué quelques conseils. « Imagine que c'est moi derrière l'objectif, ne pense pas au résultat, alors, souris-moi, profite de ton moment de gloire et surtout respire ! »

Elle arrive un peu circonspecte au Dirty Dick, rue Frochot. L'adresse a tout les codes d'un bar louche. Vitrines sombres, boule à facettes, loupiotes rouges, pour une ambiance tamisée à deux balles. Elle est déçue, c'est là, dans ce décor de pacotille, qu'elle va poser ? Ça respire la misère sexuelle. Murielle entre timidement, espérant secrètement s'être trompée.

— Hey ! Murielle, c'est toi ? Enchanté, moi c'est Ricardo, lui lance le photographe avec un accent charmant.

Avec sa peau couleur caramel, ses cheveux bruns, ses yeux noisette, sa silhouette souple et musclée, Ricardo est une bombe sexuelle. Ça va être très compliqué pour Murielle d'imaginer Jérôme à sa place.

— Bonjour, enchantée, Murielle… Petit…

— Tu as vu, c'est super, hein ? dit-il en désignant le petit espace glauque. Quand Agathe m'a parlé de ton livre, j'ai tout de suite pensé à un bar à putes. Il est chaud ton roman, hein ? demande-t-il avec un clin d'œil malicieux.

Murielle pique un fard tout en bénissant les lumières rouges. Au moins, elle est raccord avec l'ambiance.

— Je t'imaginais pas du tout comme ça, tu es timide, hein ? C'est super ! T'inquiète, ça va bien se passer, tu vas être magnifique, tu vas voir, lui dit-il en lui caressant les cheveux.

Murielle a toujours eu les gens tactiles en horreur, mais c'était avant de rencontrer Ricardo. Si elle s'écoutait, elle fermerait les yeux et se laisserait bercer par sa voix terriblement sexy. Elle est tellement sous le charme qu'il pourrait l'entraîner dans une lambada endiablée s'il le lui demandait là tout de suite.

— Alors, tu m'as apporté quoi comme tenues ?

Embêtée, Murielle lui montre le pull à col rond, décliné en plusieurs couleurs sombres. Ricardo ne semble pas emballé.

— Il faut montrer ta peau, ta gorge un peu, non ? C'est dommage de te cacher, c'est toujours bien de voir un peu de peau…

— Heu… bof, je ne suis pas très à l'aise… je ne préfère pas, réussit-elle à dire dans un sourire embarrassé.

— Comme tu veux, je ne te force pas. C'est pas grave, tu vas être belle quand même.

Ricardo lui attrape la main et l'assoit sur un tabouret, près du bar. Il la regarde avec attention. Murielle soutient son regard, hypnotisée. Elle admire de loin ses tatouages qui s'animent et prennent vie sur ses bras musclés, le grain de sa peau, qu'elle imagine douce.

— Heu, je vais d'abord faire sans lumière, parce que celle-là elle est chaude et tamisée, ça va être joli. Ensuite on fera des portraits plus lumineux, OK ? Tu es avec moi, Murielle ? Détends-toi, relax, on est sur la plage à Copacabana, tu connais Rio ? Faut y aller, c'est super ! dit-il en commençant à la shooter.

Murielle a trop chaud, mais Ricardo est si convaincant qu'elle s'exécute.

— Ouais, c'est mignon quand tu rougis… Une timide qui écrit des livres sexy, j'adore !

Il va moins aimer quand je serai rouge tomate, pense Murielle. Mais elle joue le jeu, presque malgré elle, admirant son énergie communicative, sa bonne humeur à dix heures du matin dans ce bar sinistre de Pigalle. Elle se demande qui est cette femme définitivement trop couverte face à ce Brésilien, beau comme un dieu. C'est vrai quoi, depuis quand les photographes sont plus beaux que leur sujet ? C'est le monde à l'envers, s'amuse-t-elle. Mais tant pis. Elle savoure sa situation, d'être pour une fois au bon endroit, au bon moment, en tête à tête avec un très bel homme. Et tant pis si Ricardo la trouve en vrai godiche ou engoncée. Elle sait bien à quoi elle ressemble, une plante verte desséchée devant laquelle Ricardo joue les botanistes émerveillés, mais il le fait avec un tel talent. Elle se repose sur son charisme et sa gentillesse. Elle crève de chaud et sent la transpiration mouiller son dos. C'est ridicule de garder ce pull, elle l'enlève d'un coup, au risque de mettre la pagaille dans son brushing.

— Excuse-moi, Ricardo, mais j'étouffe !

— Ah, tu vois que tu es sur la plage avec moi ! On va faire une pause, tu veux un verre d'eau ? Moi, je vais me prendre un café… Dis-moi tout, Murielle, c'est ton premier roman ?

— Oui, enfin, le premier publié…, répond-elle une fois son verre englouti.

— C'est super, alors, bravo !

Elle se demande ce qu'un Brésilien comme lui est venu chercher à Paris, dans cette grisaille, ces gens pressés qui râlent, ça n'est pas très sexy pour le coup.

— Et toi, Ricardo ? Tu travailles depuis longtemps pour Gallimard ?

— Oui, mais pas toujours, je voyage pas mal pour le surf et la photo…

— Ah, tu surfes aussi ? demande-t-elle en rougissant.

Décidément Ricardo était un cliché ambulant.

— Oui, j'adore Paris, mais j'aime encore plus la mer ! Alors je vais à Biarritz, en Espagne, au Maroc ou chez moi, à Rio, bien sûr…

— C'est sympa, dit-elle, sincère.

— Oui, la vie est belle ! dit-il de toutes ses belles dents.

Tu m'étonnes, pense-t-elle, quand on a son charme et son physique. D'un coup sa vie lui paraît bien riquiqui, étroite et sinistre à l'image de ce bar poussiéreux.

— Tu sais, ma mère, elle a eu neuf enfants ! Alors dès que j'ai pu m'envoler… et toi, tu as des enfants, Murielle ?

— Non.

— Tu as raison, j'adore les enfants, mais ceux des autres ! plaisante-t-il. Si j'avais des enfants, je ne pourrais pas vivre comme je le fais, libre, tu comprends ?

— Oui.

Murielle n'a pas d'enfant et pourtant elle ne promène pas son charme aux quatre coins du monde comme Ricardo, elle ne surfe pas, ne fait pas de yoga sur une plage de sable blanc face à la mer. Elle a essayé les claquettes et la danse africaine une fois, mais ce n'était pas son truc. Elle, c'est les fausses couches et les articles à la noix. En réfléchissant bien, même son travail est stérile.

À quoi bon vivre comme une sédentaire alors qu'elle est sans attache ? se demande-t-elle.

— Allez on y retourne ?

Elle lui sourit en le suivant docilement. Elle est heureuse, jamais elle n'aurait pu rencontrer quelqu'un comme lui dans sa vie d'avant. Ce roman à venir bousculait déjà son quotidien. Bien sûr elle est terrorisée par la suite des événements. Elle guette avec appréhension l'instant où quelqu'un va la démasquer et crier au scandale : ce roman est une erreur, une tromperie, une pure arnaque ! Comment les éditions Gallimard ont-elles pu se laisser berner à ce point ?

— Si tu es fatiguée, on peut arrêter. J'ai tout ce qu'il me faut, Murielle.

— Oui, d'accord, pardon, j'étais ailleurs.

— T'inquiète ! Tu étais super ! Je fais ma sélection, un peu de photoshop et j'envoie le tout à Agathe, OK ?

Photoshop, bien sûr. Il allait avoir du pain sur la planche. Pas sûr que Leïla Slimani en ait eu besoin, elle. Murielle remballe ses petites affaires, se laisse chaleureusement embrasser par Ricardo et sort du bar. Elle emmerde photoshop, elle a passé une matinée de rêve, avec un homme aussi beau que charmant, une perle. Pour un peu elle était à Copacabana. Elle pleurera plus tard, en regardant ses photos. Elle a une pensée coupable pour Jérôme. Comment lui dire qu'elle a passé un moment merveilleux et que le photographe était si extraordinaire qu'il a réussi à la mettre à l'aise, elle ! Elle ne pense même pas aux photos. Seule compte cette séance où elle s'est sentie regardée, presque belle, ou du moins intéressante. Ricardo lui a fait l'effet d'un arc-en-ciel et dans sa vie ils sont plutôt rares.

17

Plusieurs semaines ont passé depuis l'anniversaire de Victor, et pas un jour où une connaissance ne lui demande des infos sur le roman de sa sœur. L'effet d'annonce s'était propagé dans tout le quartier et jusqu'à la sortie de l'école on venait aux nouvelles. Tous semblaient sincèrement épatés par Murielle, c'était tellement rare de croiser de près ou de loin un auteur, encore plus dans ce coin de banlieue, très familial. Et Cathy, mi-ravie mi-gênée, ne savait jamais quoi répondre, car en vérité elle n'en savait pas plus qu'eux. Elle était d'ailleurs toujours vexée d'avoir appris la nouvelle comme tout le monde, ce jour-là. Elles n'étaient pas très proches, mais Murielle aurait pu la mettre dans la confidence. Après tout, elles étaient sœurs. Et non seulement Cathy n'avait ni date ni titre à leur donner, mais elle ne savait même pas de quoi parlait ce roman. Un comble. Pour qui passait-elle encore ? Et, pour être honnête, ça la démangeait de savoir. Magnanime, elle avait décidé d'en faire généreusement la promo sur son blog, un petit coup de pouce pour Murielle. Ses huit mille abonnées seraient sans doute heureuses de lire un billet qui sortait de l'ordinaire. Et tout le monde n'avait pas la chance d'avoir un écrivain dans la famille ! Et même pourquoi pas une petite vidéo ?

Enthousiasmée par l'idée, Cathy décroche son téléphone pour appeler sa sœur.

— Coucou, Murielle, c'est moi ! Tu vas bien, je ne te dérange pas ?

— Ah, Cathy, non pas du tout, bien sûr ! Désolée de ne pas t'avoir appelée depuis la dernière fois...

— Mais pas de souci, on est tous très occupés, moi la première ! Je ne chôme pas !

— Oui, je sais, d'ailleurs comment vont les garçons ?

— Oh, ils débordent toujours autant d'énergie, je ne me plains pas... mais je ne t'appelle pas pour ça, plutôt pour te tirer les vers du nez, petite cachottière.

Murielle sourit pour elle-même. Cathy devait mourir d'envie d'en savoir plus sur son roman. Elle ne lui avait rien dit, redoutant sa réaction, tout comme celle de sa mère d'ailleurs, qu'elle n'avait pas non plus appelée depuis ce fameux jour, encore bouleversée par son geste tendre dans la salle de bains. Elle avait eu peur de rompre le charme.

— Alors, de quoi ça parle ? Parce qu'on me pose des questions, figure-toi, et moi je passe un peu pour une idiote quand je suis obligée de leur dire que je suis dans l'ignorance ! Ça étonne tout le monde, d'ailleurs.

— Oui... c'était aussi la surprise pour moi et ce n'est pas comme si tu t'étais toujours heu... enfin tu vois... intéressée à ce que j'écrivais.

Cathy poursuit sans se démonter.

— En tout cas je voulais te faire part de ma petite idée, tu vas me dire ce que tu en penses : tu sais que je poste maintenant des vidéos sur mon blog ? Alors que dirais-tu que l'on en fasse une ensemble, pour la sortie de ton livre ? Je pourrais t'interviewer ? Y a plein de booktubeuses qui le font. Ce serait génial, qu'en dis-tu ?

Murielle n'avait jamais imaginé une chose pareille de la part de sa sœur. Son intérêt soudain pour son travail et son enthousiasme la prenaient de court. Elle était si éloignée, à bien des égards, de la vie de sa sœur. Mais comment lui dire que non, même pas en rêve ? D'une, son livre n'avait rien d'un « feel good book girly, rempli de bons sentiments ». C'était tout l'inverse. Et de deux, elle n'avait aucune envie d'apparaître en vidéo, à ses côtés, sur le blog MamanDeTroisLoulous. C'était complètement saugrenu.

— Heu…

— Quoi ? Tu ne vas pas me dire que c'est une mauvaise idée ? Ce n'est pas le moment de jouer les timides, mes huit mille abonnées ne vont pas te manger ! rit-elle, contente de sa blague.

— Bien sûr, je sais, je ne dis pas le contraire, c'est juste que… comment dire…

Cathy attendait patiemment que Murielle lui sorte une mauvaise excuse et affûtait déjà ses arguments.

— Cathy, crois-moi, ce livre ne va pas te plaire.

— Et pourquoi ça ? répond-elle, vexée. Je ne suis pas assez intello, c'est ça ? Je ne suis qu'une mère au foyer, je ne peux pas comprendre ?

— Pas du tout, ce n'est pas ce que je voulais dire, excuse-moi, Cathy, c'est juste que le thème…

Elle soupire.

— C'est… comment dire, pas très adapté, je pense, à ton lectorat.

— Super, mes abonnées sont des connes maintenant !

— Mais non, arrête ! Ça parle de stérilité ! D'une femme stérile qui baise avec tout le monde !

Murielle avait trouvé, sans le vouloir, l'argument pour freiner les ardeurs de sa sœur. À l'autre bout du fil, le silence de Cathy était éloquent. Elle était soufflée, s'attendant à tout, sauf à quelque chose d'aussi personnel, bizarre, dérangeant… et surtout vulgaire ! Elle avait bien dit : « baise avec tout le monde » ? Mais ça voulait dire quoi ? Une orgie ?

— Voilà, tu comprends maintenant ? poursuit Murielle, irritée.

— Mais… mais, c'est un livre cochon ? Ce n'est pas possible, Murielle, tu es sûre que ton éditeur c'est Gallimard ?

— Bon, écoute, tu n'es pas obligée de le lire. D'ailleurs si ça peut te rassurer, vous serez sûrement nombreux dans ce cas. Merci de ta proposition, mais tu comprends maintenant que mon livre n'a rien à faire sur ton blog de mamans, enfin je ne sais pas, je te laisse juge, je t'embrasse !

Murielle a raccroché. Cathy reste interdite. Murielle a complètement pété les plombs. C'est quoi ce livre qui, sous couvert de faire de la littérature, ressemble à une espèce de grand déballage dégueulasse ? Drôle d'époque où l'indécence était à la mode ! Mon Dieu, est-ce que ça voulait dire que sa sœur, poussée par le chagrin, était devenue nymphomane ? Et tous ses amis qui allaient la lire ! Et elle qui était prête à en faire la promotion, dès maintenant, sur son blog, elle a frôlé la catastrophe ! Mon Dieu, elle ne savait plus quoi penser. Quand elle allait raconter ça à Christian… Et sa mère ! Il faut qu'elle l'apprenne à sa mère ! Mais comment lui dire, la préparer à une telle horreur ? Murielle avait perdu la raison. Comment Jérôme pouvait-il se montrer aussi fier, alors ça, ça lui passait complètement au-dessus de la tête ! Tout le monde allait apprendre qu'il était cocu et lui ça le faisait sourire et, pire, il applaudissait des deux mains ? Mais dans quel monde allaient grandir ses fils !

18

La grand-messe de la rentrée littéraire avait sonné et, avec elle, la date fatidique de la sortie de *Ceci est mon corps*. Pendant l'été, tandis qu'elle flemmardait sur la plage de Bidard (Ricardo lui avait donné envie de découvrir Biarritz et sa région, elle n'avait pas pu s'empêcher de le chercher au milieu des silhouettes des surfeurs), cela lui avait semblé bien lointain, presque irréel. Avant de partir elle avait été très agréablement surprise par les photos du Brésilien. Sur l'image, le décor rendait bien, la lumière chaude, naturelle, mettait ses cheveux en valeur. Elle affichait un sourire à la Mona Lisa, modeste et intrigant. Jérôme les avait scrutées longuement sans chercher à cacher son admiration. « Il a bien bossé, le mec. » C'est parce que j'ai suivi tes conseils, lui avait-elle dit gentiment. À propos de Ricardo, elle avait juste concédé qu'il s'était montré suffisamment « sympa » pour la mettre à l'aise. Rien de plus. Se voir sur les différents tirages ne l'avait pas horrifiée, et elle lui en était reconnaissante. Mais à la veille de ce 25 août, ce n'était plus la même chanson. Fini la lambada, Murielle prenait enfin la mesure de cet événement. C'était comme sauter dans le vide, mais sans parachute. Elle allait se viander, c'était sûr. Dans moins de vingt-quatre heures, huit mille exemplaires de son roman seraient distribués dans toute la France. Son nom serait bien visible sur les tables des nouveautés. Et elle ne se sentait pas prête à une telle confrontation. De son côté, Jérôme avait hâte de se balader en librairie. Quelle fierté ce serait de voir le livre de sa « nana » en bonne place, à côté d'auteurs bien installés. Enfin une bonne raison de se réjouir. Ils avaient décidé de sortir pour fêter ça. Murielle comptait surtout se saouler. Elle espérait que le champagne atténue son angoisse, la recouvre d'une ouate alcoolisée. Elle était terrorisée et en avait la nausée. Elle appréhendait une autre insomnie ou un autre cauchemar. Elle était déjà triste pour les sept mille huit cents exemplaires qui ne manqueraient pas d'atterrir au pilon, ce cimetière pour livres, morts de ne pas avoir été désirés. Un gâchis coûteux et inutile qui la déprimait un peu plus. Elle sentait déjà la brûlure du camouflet, la déception de Louise, tout en se réjouissant à l'avance de cet échec. Moins elle serait lue et mieux elle se porterait. Elle réalisait seulement maintenant dans quelle merde elle s'était mise. Mais pourquoi avoir dit oui ? Et surtout pourquoi avait-il fallu que ça tombe sur son manuscrit le plus intime ? Pourquoi avoir cédé au plaisir vaniteux d'être publiée ? Savait-elle seulement à quoi elle s'exposait ? Son histoire grotesque était du pain bénit pour les moqueurs. Et ce n'étaient pas les quelques retours prétendus dithyrambiques de deux, trois journaleux germanopratins qui allaient la rassurer. Bien au contraire, c'est connu, ces gens-là vivaient sur une autre planète, ils pouvaient s'émerveiller d'une « œuvre » sur commande ou par pur esprit de contradiction. Mais la vérité était qu'elle avait pondu un livre affligeant, et les lecteurs, les vrais amoureux des livres et le Français moyen, allaient vite tomber des nues. Tous ses manuscrits refusés jusqu'ici, ce n'était pas pour rien. Mais comment avait-elle pu écrire une daube pareille ? Et surtout pourquoi Gallimard l'avait-il publiée ? Sa vie était foutue. Avant, les gens la plaignaient, ils compatissaient à son malheur et à son chagrin. Maintenant ils allaient en faire des gorges chaudes, se moquer, rire d'elle et de son livre navrant, se gausser de ses velléités littéraires, sans compter les remarques graveleuses qu'elle n'allait pas manquer d'entendre. Avec ce roman, elle se livrait en pâture. Adieu la bienveillance et bonjour le lynchage. Et il lui suffisait de penser à sa sœur, dont elle avait encore la réaction en tête, ou, pire, à sa mère pour avoir des sueurs froides. Cette dernière lui avait envoyé ce sms glaçant : « J'ai commandé ton livre. » Elle en frissonnait encore.

— Bon, on y va ? On va trinquer à ton succès ? l'invite gaiement Jérôme.

— Hum…

— Oh, tu ne vas pas commencer, Murielle ! Pas ce soir ! Ce soir on profite, on célèbre la victoire du « oui » sur le « non », allez !

Murielle se force à lui sourire. Jérôme ne comprendrait pas son angoisse, pour lui c'est juste le trac. S'il savait. Murielle avait envie de mourir, de disparaître, elle n'aspirait qu'à une chose : pleurer à chaudes larmes et s'enrouler sous la couette. Ne plus se lever, ne plus se montrer et surtout ne pas savoir. Se tenir le plus loin possible de ce roman. Et Jérôme qui dès demain ira faire le tour des librairies du quartier... Imaginer que des gens vont lire ses mots, ses pensées, ça la rend malade. C'est comme si tout le monde allait renifler ses culottes sales. Plus que jamais ce soir elle se sent nulle et indécente. Dès demain tout le monde va découvrir son vrai visage, celui d'une pauvre femme stérile et laide.

— On reste dans le coin au moins ? J'ai très mal à la tête.

Jérôme lève les yeux au ciel, indifférent à son malaise. Il est fier et ne compte pas bouder son plaisir. Il est heureux de pouvoir dire aux uns et aux autres : « Tu sais que Murielle sort un roman ? » Il n'est pas blasé de leur réaction, toujours le même étonnement : « Nan ? Tu déconnes ? Mais c'est génial ! » Et c'est vrai que ça l'était. C'était comme une caresse, une bise chaude et douce sur son ego. Ça le faisait rêver. Il n'en pouvait tellement plus des mines apitoyées ou faussement gênées quand il devait annoncer que « Non, toujours pas, une prochaine fois peut-être, oui, encore une fausse couche », quand ce n'étaient pas des réflexions insistantes : « C'est bizarre toutes ces fausses couches, non ? Elle tombe enceinte mais elle ne garde pas ? Vous avez pensé à consulter ? Un psy, je veux dire. » Mais non, merci. Ils avaient atteint leurs limites avec tous ces examens, ces spécialistes, ce déballage de leur intimité devant ces blouses blanches, si en plus il fallait livrer ses idées noires… Pourtant les médecins les premiers leur avaient conseillé de parler, de se confier, de ne pas rester seuls face à leur chagrin. Mais la vérité, c'est que personne n'avait envie de les entendre. Ils étaient plombants avec leurs échecs à répétition. Ils allaient porter la poisse. Alors ce roman, c'était un peu sa revanche. Ça lui donnait du courage pour continuer, entreprendre. Ça lui donnait envie d'essayer à nouveau. Il n'avait pas fait les portraits de Murielle ? La belle affaire, il allait en faire d'autres. D'ailleurs il avait eu une idée. Lui aussi devait trouver sa voie. Pour la première fois depuis longtemps, l'avenir était excitant.

19

En ce jour de rentrée des classes, Cathy dépose en vitesse Gaspard, Eliot et Victor à l'école, sans même prendre le temps de saluer Aurélie, Sarah et Clémence, ses mamans-copines du petit café du matin. Elle qui chaque année se fait une joie de ces retrouvailles émouvantes autour de cartables qui sentent le neuf, qui a toujours un mot pour chacune, que ce soit pour un débrief postweek-end, les devoirs de son grand, un coucou rapide à la maîtresse et des bisous à n'en plus finir, elle est pressée de décamper. Elle se précipite déjà vers le centre de Ville-d'Avray. Mais, dépitée, elle trouve porte close devant la librairie Fontaine qui n'ouvre qu'à 9 h 30. Comme une enfant devant une pâtisserie, Cathy louche sur le livre de sa sœur qui la nargue, bien en vue en vitrine. Elle mange des yeux le « coup de cœur » de la libraire, qui a gratifié le roman d'une critique enthousiaste sur un bristol rose fluo : « C'est beau, c'est triste, c'est violent, envoûtant, sensuel, une écriture âpre qui se dévore… Une auteure à découvrir de toute urgence !! » Elle n'en croit pas ses yeux et piétine sur ce bout de trottoir, plus impatiente que jamais de lire *Ceci est mon corps*. Encore dix minutes. Elle hésite à aller boire un café, mais redoute de croiser une connaissance, alors elle poireaute. Plus que cinq minutes maintenant. Dans un sursaut d'angoisse, elle vérifie qu'elle a bien pensé à prendre sa carte bleue, ce serait un comble, elle ne supporterait pas d'attendre une minute de plus ! Elle est à cran. Partagée entre une certaine fierté – parce que bon, quand même, c'est *le* livre de sa sœur qui est dans la vitrine de la librairie Fontaine – et le dégoût de ce que lui en a dit Murielle. Elle s'étonne de cette mise à l'honneur. À moins que Murielle ne lui ait raconté un bobard ? Ce n'est peut-être pas, comme elle le lui a prétendu au téléphone, l'histoire d'une « femme stérile qui baise avec tout le monde » ? Elle connaît la libraire, chaque année elle y achète les fournitures scolaires et les livres de ses fils. Ce n'est pas le genre de la maison d'encourager des livres interdits aux moins de dix-huit ans. Enfin la porte s'ouvre dans un tintement de clochette.

— Bonjour ! l'accueille la responsable, intriguée de cette visite matinale.

— Bonjour, répond Cathy en s'engouffrant à l'intérieur.

Cathy se retient d'arracher le premier exemplaire de *Ceci est mon corps*, elle fait mine de regarder les autres livres, mais elle ne tient pas longtemps à ce petit jeu. Alors elle le prend dans ses mains et lit avec avidité la quatrième de couverture : « Murielle Petit raconte avec une intensité rare les affres de la stérilité chez une femme, à travers le personnage de Clara. Cette femme, dépossédée de son corps par une course effrénée à la fertilité, s'offre aux hommes, à tous les hommes pour redonner un sens à sa vie et déjouer le mauvais sort. Elle entraîne alors le lecteur dans un chemin de douleur aussi poignant que déconcertant, servi par sa plume magique, puissante et sensible. Un voyage dont le lecteur revient transformé. Murielle Petit est journaliste et vit à Paris. »

Ah, elle est journaliste maintenant, faudrait savoir. Elle qui clame à qui mieux mieux qu'elle n'est qu'une petite rédactrice de rien du tout.

— Il est formidable !

— Pardon ?

— *Ceci est mon corps*, il est formidable ! sourit la libraire.

— C'est ma sœur, ne peut s'empêcher de répondre Cathy.

— Qui ? Murielle Petit, l'auteure ?

— Oui, c'est ma sœur… Elle voulait me l'offrir mais je lui ai dit que j'allais l'acheter, bien sûr, c'est la moindre des choses, en famille il faut se soutenir…

— Elle va en vendre beaucoup, j'ai le nez pour ça, vous savez ! Vous pouvez être fière ! Elle va faire parler d'elle ! Et… j'imagine qu'elle est très sollicitée, mais vous pensez qu'elle accepterait de venir dédicacer chez nous ? Avant Noël, ce serait parfait ! demande la libraire, les yeux brillants.

— Oui, pourquoi pas, sans doute, je vais lui en parler, répond Cathy d'un air dégagé. Et vous, heu… comment dire, j'ai lu quelques extraits que ma sœur m'a fait lire, mais heu… le sexe, tout ça, ça ne vous a pas dérangée, enfin, choquée ?

— Mais c'est ce qu'on attend d'un livre ! Qu'il vous remue, bouscule vos certitudes, et c'est tellement bien écrit ! Votre sœur a un style incroyable, elle vous embarque, vous prend par la main, et vous descendez avec elle dans les tréfonds de l'âme humaine avec une habileté et une sincérité désarmantes ! Alors bien sûr certains vont être choqués, voire détester, mais heureusement que tout le monde n'écrit pas des livres guimauve ! Il en faut des auteures comme votre sœur, c'est ce qui fait la beauté de notre diversité culturelle !

Cathy règle son achat, confortée par l'enthousiasme de la libraire, et se précipite au pas de course chez elle. Pour une fois elle rangera les restes du petit déjeuner plus tard. Elle se cale sur le canapé du salon, ouvre le roman, avec un plaisir transgressif rarement éprouvé. Malheureusement, l'histoire, les mots et le style percutant de Murielle ont sur elle un effet répulsif. Elle est déconcertée, horrifiée par tant d'impudeur. Ce qu'elle lit est beaucoup trop éloigné de son esprit, de sa vie, de son confort, de son monde pour qu'elle le comprenne et l'apprécie. Elle hésite à prévenir sa mère pour la mettre en garde. Surtout qu'elle ne l'achète pas, surtout qu'elle ne le lise pas ! Mais elle appelle d'abord Christian, lui qui d'habitude ne l'écoute que d'une oreille.

— Allô, Christian ? C'est moi… Tu ne vas pas me croire, mais je suis allée ce matin, après avoir déposé les petits à l'école, acheter le livre de Murielle, qui était en vitrine d'ailleurs…

— Oui, je sais, je l'ai acheté.

— Quoi ? Comment ça ? Tu m'as jamais dit que tu voulais l'acheter !

— Ben, c'est le livre de ta sœur et il était aussi en vitrine, en face du bureau, alors je l'ai pris pour toi, je ne pensais pas qu'ils l'auraient à Ville-d'Avray.

Christian avait ses bureaux dans le seizième arrondissement, où il était expert comptable, même s'il songeait de plus en plus à monter une boîte de compléments alimentaires pour grands sportifs comme lui.

— En vitrine, avenue de Versailles ?

— Ben oui, faut croire que ça cartonne, apparemment tout le monde en parle comme *du livre* de la rentrée.

Cathy est abasourdie. Les gens, les libraires aimaient, soutenaient le livre ?

— Et tu l'as lu ?

— Je n'ai pas vraiment eu le temps, j'ai juste commencé à le feuilleter.

— Eh bien, tu ne vas pas être déçu ! dit-elle, grandiloquente.

— Ah, moi qui pensais te faire plaisir… Bon, je te laisse, tu me raconteras ce soir !

— D'accord, à ce soir, mon chéri.

Contrairement à sa femme, Christian n'avait pas été rebuté, bien au contraire. Il avait parcouru certains passages et avait été surpris par tant d'audace. Sous ses airs de biche égarée, Murielle était une vraie chaudasse, Jérôme ne devait pas s'emmerder avec elle. Pas comme Cathy, qui était aussi prévisible au lit que dans sa liste de courses, la même toutes les semaines, et qui faisait toute une histoire pour une petite fellation de rien du tout. Comme si elle transgressait un code de bonne conduite. Aujourd'hui Christian prenait plus son pied à courir qu'à faire l'amour avec sa femme, au moins dans le running il avait de vraies sensations. Il transpirait et dépassait ses limites. L'effort physique conjugué à l'endurance le mettaient dans un état de transe jubilatoire. Il se sentait léger et aussi puissant qu'une mécanique indestructible. C'était grisant, planant. Aux aurores, seul dans les sous-bois, il avait la sensation que le monde lui appartenait. Il prenait un pied total. Depuis qu'il s'entraînait tous les jours pour les marathons, toute son énergie était absorbée, dissoute dans les kilomètres quotidiens. Il était accro au running, cette drogue « healthy » qui laissait peu de place à sa vie de famille et encore moins à Cathy. Mais en parcourant certains passages du bouquin de sa belle-sœur, il avait ressenti comme un frémissement, un picotement agréable au niveau de l'aine. Murielle avait réveillé des sensations qu'il croyait enfouies.

20

Ce matin Murielle aurait préféré rester chez elle, mais Yannick avait insisté en parlant d'une réunion « urgente » au journal. À part l'arrêt brutal de *Plus belle la vie* ou la sextape de Joséphine ange gardien, elle ne voyait pas où était l'urgence, et encore moins en quoi cela concernait sa page animaux ? Mais ce n'était pas plus mal. Cela lui occuperait l'esprit. Agathe, son attachée de presse, lui faisait un point tous les jours sur les retours enthousiastes des blogueurs et de la presse, et parlait de plus en plus d'organiser une soirée de lancement (le livre était pourtant sorti depuis une semaine). Murielle refusait tout en bloc. Elle ne voulait pas savoir et encore moins être confrontée à ses lecteurs. Ils se calmeraient tout seuls, c'était un épiphénomène, rien d'autre, mais tellement typique de la rentrée littéraire. En faisant beaucoup d'efforts, elle arrivait presque à se convaincre que le livre n'existait pas. Et elle s'en portait mieux.

En entrant dans l'immeuble qui abrite ses bureaux à Levallois-Perret, elle prend le temps de s'arrêter à la cafétéria. Elle a encore mal dormi et a besoin d'un café serré de toute urgence. Comme toujours elle évite son reflet dans le miroir de l'ascenseur et sort au cinquième étage. Murielle rejoint son bureau, rassurée par cette routine.

— Hello, Murielle ! la salue aimablement Yannick.

Elle lui répond d'un sourire en soufflant sur son café brûlant.

— Merci d'être venue, comme je te disais on a une réunion. La direction veut créer une édition numérique, il faut qu'on soit plus présents sur les réseaux sociaux.

— Ah ?

— Tu me suis ? dit-il en se dirigeant vers la salle de réunion.

— Maintenant ?

— Oui, c'est vraiment urgent.

Murielle le suit en pestant intérieurement. À peine arrivée, elle n'a même pas le temps d'allumer son ordinateur qu'elle va déjà devoir se coltiner la bonne humeur de ses collègues.

Elle passe la porte de la salle et découvre une partie de l'équipe de *Télé 7 jours* debout : Karène, Joseph et Martine pour les programmes télé, les secrétaires de rédaction, une dizaine de personnes qui l'attendent hilares. SURPRISE ! crient-ils tous en chœur en faisant jouer dans leur main un exemplaire de *Ceci est mon corps*. Une vision d'horreur. Ils crient tous et rient, heureux de la voir aussi étonnée. Ils ont réussi leur coup. Pour une surprise, c'est une surprise. Murielle se tient penaude, rouge d'émotion, c'est dommage que personne n'ait pensé à filmer pour immortaliser sa tête, ça aurait fait un bon buzz.

— Alors ? Tu croyais quoi ? se marre Yannick. Tu as oublié qu'on était tous journalistes ? On se tient un petit peu au courant de l'actualité !

— Ah oui, quelle cachottière ! hurle Karène en s'apprêtant à l'embrasser.

Murielle se laisse faire, scotchée, interdite. Elle hésite entre hurler et partir en courant. Les deux seraient parfaits. La main droite toujours collée devant sa bouche, elle s'est statufiée, figée dans cette posture comme une victime brûlée vive de Pompéi.

— Alors, elle ne dit plus rien, madame l'écrivaine ? la taquine Martine.

— Et dis donc, j'ai lu ton livre, heu… quand tu écris tu n'es pas si timide ! plaisante Yannick en lui tapant dans le dos. Bon, alors, on veut notre dédicace, qu'est-ce que tu crois ?

Murielle comprend qu'elle ne pourra pas échapper à leur petite fête et s'assoit, soumise mais le cœur battant.

— Ça va, Murielle ? demande Karène qui finit par s'inquiéter de son silence.

Murielle hoche la tête, incapable de parler.

— Tu veux un verre d'eau ? propose Yannick en lui tendant un verre.

— Oh, la pauvre, on lui a fait peur ! C'est qu'ils sont sensibles, ces écrivains ! s'amuse Joseph en faisant rire la galerie.

Murielle prend le temps de boire son verre. Elle ne sait toujours pas comment réagir, mais a la désagréable sensation d'être séquestrée par une bande d'ivrognes braillards. Sa paupière se met à palpiter nerveusement comme si elle envoyait désespérément des SOS en morse.

— Merci, ça va mieux, je... je ne m'y attendais pas...

— Tu m'étonnes ! rit un photographe comme si c'était une caméra cachée.

— Bon, reprend Yannick, on ne voulait pas te faire peur, on veut juste une petite dédicace de la star, dit-il en lui tendant son livre. Ce n'est pas tous les jours qu'on a une intellectuelle à la rédaction !

En attrapant son exemplaire, Murielle remarque que des pages ont été cornées. *Il l'a lu,* pense-t-elle, horrifiée. Elle n'ose pas croiser son regard. Karène lui donne un stylo. Mais Murielle bute, elle sèche et ne sait pas quoi écrire. Elle n'a pas réfléchi à une quelconque dédicace. Pour son service de presse, elle avait fait le minimum : « Cher Untel, merci de me lire, en espérant que vous passerez un agréable moment en compagnie de Clara. » C'était nul et complètement inapproprié, compte tenu de son histoire, mais tous ces journalistes étaient pour elle des inconnus et elle savait que son roman serait noyé dans leur pile quotidienne. Mais là c'était différent. C'était Yannick, Karène, Joseph. Elle les côtoyait tous les jours. Ils partageaient le même boudin aux pommes à la cantine. Elle ne voulait pas qu'ils la lisent, qu'ils la jugent. Qu'allaient-ils comprendre de son histoire ? Qu'allaient-ils penser de ses états d'âme, sans parler de son style ? La remarque de Yannick sur l'« absence de timidité » dans son écriture l'avait déjà mortifiée. Elle avait honte, tellement honte. Et c'est quoi cette façon de la surnommer la star ? Cela se voulait ironique ?

Mais qu'est-ce qui leur est tous passé par la tête ?

— Dis donc, tu n'as pas l'air très inspirée, la taquine Yannick. Je ne te demande pas de m'écrire un roman, s'esclaffe-t-il, ravi de sa trouvaille.

C'est trop pour Murielle. Elle ne se sent pas capable d'affronter cette ambiance « pot d'anniversaire » pour son livre. Elle ne peut pas faire comme si son roman était une « bonne blague » entre collègues. Ce livre, c'est son histoire, même si elle l'a racontée dans une version fantasmée. C'est son sang et sa sueur, c'est *son* bébé, l'unique survivant de toutes ses fausses couches. Et la douleur et l'humiliation qu'elle y décrit sont bien les siennes. Elle l'a écrit pour elle, dans une sorte de communion, mais certainement pas pour ses collègues bavards. En plus le livre est mauvais. Si elle ne leur a rien dit, ce n'est pas pour rien. Alors qu'ils lui foutent la paix et tant pis si elle froisse leur susceptibilité. Eux ne se gênent pas pour le faire.

— Excuse-moi, je suis venue parce que tu as insisté en parlant d'une réunion urgente, mais à vrai dire je ne me sens pas bien du tout, je vais y aller, désolée, salut !

C'est au tour de Yannick d'être surpris. Il la regarde sans y croire se lever et les planter tous. « Bah, Mumu ! » Il la savait timide, émotive, mais à ce point. Ben merde alors. C'était plutôt une bonne idée et ça partait d'un bon sentiment. Et tout le monde avait acheté son livre, sans passer par le service de presse. Qu'est-ce qu'elle nous fait, la Murielle ? Elle se croit déjà dans « On n'est pas couché » ? Elle la joue cinglée comme Angot ? Complètement hystérique, ma parole, pas étonnant quand on lit son bouquin.

21

« Jérôme, c'est maman, vous venez quand ? Bon, t'inquiète pas pour les cordons-bleus, c'est des surgelés Picard, ils sont encore bons, mais j'aimerais bien vous voir. Ça va Murielle, son livre ? La pauvre, c'est de plus en plus dur pour les auteurs, pour tout le monde c'est dur, il faut serrer la vis, moi je serre la vis tous les jours, c'était maman, rappelle-moi. »

Jérôme savait qu'il ne pouvait pas lui échapper plus longtemps. Nicole faisait un travail de sape qu'elle maîtrisait à la perfection. Elle vivotait dans un monde cotonneux et sans repères. Rien que de l'entendre parler de ses putains de cordons-bleus, Jérôme en avait le ventre noué. Sans compter que Murielle était complètement à cran depuis la sortie de son livre, elle lui avait raconté le coup de la « dédicace surprise » organisée par Yannick. Lui non plus n'avait pas compris sa réaction, il avait trouvé l'attention plutôt sympa. C'était un peu tendu entre eux, Murielle l'énervait. Pour la première fois il se désolidarisait de ses états d'âme. Elle déprimait quand elle n'était pas publiée, et déprimait encore plus quand elle l'était. Il allait devoir se rendre seul à Rosny, c'était sûr. Et ça le rendait malade. Mais c'était sa mère, il ne pouvait pas ne pas y aller. Heureusement qu'on n'en avait qu'une, putain, pensa-t-il. Elle l'aimait et avait besoin de lui. Elle le plombait. Et pour son malheur, il était son unique source de bonheur. Ces derniers temps il avait beaucoup réfléchi et il avait eu cette idée. Pas grand-chose, mais ça le motivait un peu. Et puis ça rendrait les choses moins pénibles. Il fallait essayer. Après tout, ça pourrait faire un beau sujet. Il appelle Nicole, qui dormait comme toujours. Elle était vaseuse, mais d'entendre la voix de son fils, son grand garçon, ça lui donne de l'énergie et du baume au cœur. Il était tellement gentil. Il travaillait beaucoup, c'est pour ça qu'il n'avait pas le temps de venir la voir. Mais c'était un bon garçon, un bon fils, *son* fils. Elle n'avait pas tout raté dans sa vie. D'un coup elle est heureuse, Jérôme va venir déjeuner avec elle, tous les deux il a dit, un déjeuner entre mère et fils, elle va lui faire des cordons-bleus, comme quand il était petit. Elle a noté la date en rouge dans son carnet vide. Il faudra qu'elle passe chez le coiffeur, ce n'est pas tous les jours qu'il vient la voir, alors tant pis, elle se privera de lait. Elle s'en fiche, il y a longtemps qu'elle n'a plus faim.

22

— Allô, Murielle, c'est Christian, je te dérange ?

— Heu… Christian…

— Ton beau-frère !

— Ah oui, bien sûr, excuse-moi, Christian, j'ai eu un doute un instant.

Première fois de sa vie que son beau-frère l'appelait. Qu'est-ce qu'il lui voulait ? Elle espère que ce n'est pas à cause de sa dispute avec Cathy. Ce n'était pas vraiment une dispute d'ailleurs, elle l'avait juste un peu rembarrée avec sa proposition idiote de vidéo pour son blog. Fallait qu'elle s'en remette.

— Dis-moi, je t'appelle parce que je suis dans ton quartier avec un exemplaire de ton livre et je me suis dit, tiens, et si j'appelais Murielle pour avoir une petite dédicace ?

— Heu… oui, bien sûr, pourquoi pas ?

Murielle tâchait de prendre sur elle maintenant. Elle se méfiait de ses mouvements d'humeur. Récemment, elle était allée trop loin avec Yannick, d'ailleurs elle n'osait plus se pointer à la rédaction et avait dû se fendre d'un mail d'excuses, dans lequel elle avait parlé de la « tension extrême » que lui procurait la sortie de son tout premier roman, très personnel. Elle attendait un peu avant de remettre les pieds au journal. Elle devait faire un effort et ne pas se laisser déborder par ses émotions, sinon elle allait finir par se fâcher avec tout le monde. Et elle se sentait suffisamment seule comme cela.

— Tu es où exactement ?

— En bas de chez toi.

— D'accord, écoute, tu me donnes cinq minutes ? Y a un café sur la place, si ça ne te dérange pas de m'y attendre, j'arrive.

— À tout de suite, Murielle !

Mais qu'est-ce qu'ils avaient tous avec son roman ? Elle était loin d'imaginer que cela déclencherait autant de réactions. Comme si elle avait accompli un exploit ! Même si être publié revenait un peu à grimper l'Everest à mains nues sans oxygène. Elle ne reconnaissait plus sa vie et regrettait presque l'ancienne, un comble. Elle ne savait pas pourquoi elle était aussi à fleur de peau, elle se sentait dépassée. Elle avait lâchement laissé Jérôme déjeuner seul avec sa mère, pour une fois elle n'avait pas eu le courage de l'accompagner et de tenir la chandelle. Elle lui envoie un petit sms de soutien, pour ne pas qu'il se sente totalement abandonné, tout en se dépêchant de rejoindre Christian qu'elle retrouve attablé dans le café où Jérôme et elle ont leurs habitudes. À sa vue, elle a un léger moment de faiblesse. Son beau-frère fait partie de ces gens qui vous aspirent tant ils dégagent de force de vivre.

— Tu vas bien ? lui demande-t-elle en l'embrassant. C'est amusant de se voir ici.

— Oui, j'espère que tu ne m'en veux pas de débouler comme ça ? Mais comme j'étais dans le coin pour un client, je me suis dit que j'allais tenter le coup…

— Tu as très bien fait, dit-elle, se voulant aimable.

Elle lui trouve un air bizarre, à moins que cela ne soit la situation. Elle ne l'a jamais vu sans sa sœur, encore moins en tête à tête. Elle ne se souvient même pas d'une quelconque conversation avec lui.

— Comme tu vois, j'ai acheté ton livre. Tu me fais une dédicace ?

— Oui, bien sûr, dit-elle en s'exécutant de bonne grâce.

— J'ai trouvé ton livre très intéressant !

— Merci, dit-elle, concentrée sur sa phrase.

— Vraiment. Et puis c'est gonflé, quoi ! Tu dis les choses franchement, mais avec beaucoup de sincérité et une grande sensibilité.

Murielle, tête baissée, sourit tout en redoutant la suite.

— C'est tellement rare, une femme qui ose, qui n'a pas peur de ses désirs… Je vous savais très différentes, Cathy et toi, mais pas à ce point… Toi tu es libre, sensuelle… Je me suis retrouvé d'ailleurs dans ton rapport au corps, c'est vrai que c'est une machine extraordinaire avec laquelle on peut faire des choses étonnantes, formidables.

Murielle rougit, très mal à l'aise. Elle a peur de comprendre l'allusion et n'aime pas du tout la tournure que prend la conversation.

— Oui, enfin c'est une fiction, Christian, c'est de la littérature, il ne faut pas tout prendre au premier degré, dit-elle tandis que son épiderme affirme le contraire.

Une fois encore elle s'est mise dans le pétrin. Elle redoute le moment où son beau-frère va déraper.

— Ton corps, par exemple, il est préservé, il n'a jamais été déformé... Je veux dire, tu sais, enfin non, tu ne sais pas, mais la maternité ça change une femme, et pas toujours pour le meilleur..., dit-il en lui effleurant la main.

Voilà, il n'avait pas attendu longtemps.

— Tu fais quoi, Christian ?

— Rien, je te fais des compliments, je trouve que tu écris bien, tu m'as troublé, Murielle.

Par miracle le portable de Murielle se met à sonner, lui offrant une sortie de secours dans cette situation déplacée. D'un signe de la main, Murielle lui fait comprendre qu'elle doit prendre cet appel, qu'il est *très* important. « C'est mon attachée de presse. » Jamais Murielle n'a paru aussi sexy à Christian. Elle est cette femme puissante, active, qui suscite tous les désirs. Murielle s'éloigne pour répondre à Agathe. « Oui, Agathe, d'accord, j'ai compris, on n'a pas le choix, OK pour la soirée, c'est noté, merci, je t'embrasse. » Murielle raccroche en prenant un air grave. Elle a plus ou moins saisi ce que lui disait Agathe, Gallimard ne lui laissait pas vraiment le choix, ils devaient faire une soirée de lancement, compte tenu de l'ampleur que prenait la sortie de son livre, ils ne pouvaient pas faire autrement. Murielle avait acquiescé tout en observant Christian du coin de l'œil. Elle se remuait les méninges pour s'en débarrasser sans que cela fasse une affaire d'État. Elle s'était déjà accrochée avec Cathy, elle ne pouvait pas non plus envoyer son beau-frère dans les cordes. Il fallait faire preuve d'une certaine diplomatie.

— Bon, Christian, Jérôme va arriver d'un instant à l'autre. Je te conseille de partir, on va faire comme si cette conversation n'avait jamais eu lieu, tu as ta dédicace maintenant, salut.

Murielle se lève et se retourne une dernière fois en direction de son beau-frère.

— Et n'oublie pas d'embrasser Cathy et les garçons pour moi !

Voilà. Elle avait mis les choses au clair, tout en restant correcte, elle s'en était bien sortie. De son côté Christian se sent bête, planté par cette godiche de Murielle. Cette conne l'a allumé avec son livre. Quelle idée il a eue d'aller la voir, une vraie perte de temps. Il faut qu'il reste focus sur son trail. Heureusement, Cathy n'en saura jamais rien.

23

En rangeant les affaires de son mari pendant que ce dernier est sous la douche, Cathy tombe sur un exemplaire de *Ceci est mon corps* dédicacé. « Pour Christian, ravie d'apprendre que le sort de Clara a su te toucher, à mon tour de l'être. Je t'embrasse, Murielle. » En découvrant l'écriture de sa sœur, c'est le coup de tonnerre pour Cathy, des éclairs de haine lui sortent des yeux. Elle fulmine, le livre à la main, comme si elle venait de découvrir un sms salace.

— C'est quoi ça ? hurle-t-elle en surgissant hystérique dans la salle de bains.

Christian sursaute, nu sous sa douche. Merde, quelle emmerdeuse, faut toujours qu'elle fouille dans ses affaires.

— Pas la peine de gueuler ! J'ai croisé ta sœur, j'avais le livre sur moi, elle m'a fait une dédicace, c'est tout.

— Où ? Où l'as-tu croisée ?

— Je sais plus, dans son quartier, j'avais rendez-vous avec un client, bon, tu me laisses sortir ?

— Et pourquoi tu ne me l'as pas dit ?

— Eh ben, qu'est-ce que je suis en train de faire ?

— Tu rigoles, j'espère ? C'est moi qui t'ai posé la question !

— Eh ben, je te l'aurais dit plus tard. J'ai oublié, tu ne vas pas me faire un cake parce que j'ai croisé ta sœur cinq minutes ?

Cathy sort de la salle de bains en larmes. Elle est bouleversée. Elle ne sait pas pourquoi mais cette nouvelle l'a mise dans tous ses états. Sans doute parce que Christian n'a jamais cinq minutes à lui accorder pour boire un café ou qu'il ne prend jamais le temps de déjeuner dans Paris en amoureux comme ils le faisaient à une époque. Et voilà que Monsieur croise, par le plus grand des hasards, sa sœur, l'écrivaine de la famille, qui est tellement plus importante qu'elle ! Cathy s'active dans sa cuisine, malgré la colère qui la secoue. C'est la meilleure, celle-là. Murielle voit son mari en cachette pendant qu'*elle* fait la popote et ramasse ses chaussettes ! Mais quelle idiote ! Et Monsieur qui se découvre une passion pour la « littérature française » ! Elle n'est pas dupe ! Elle n'est peut-être qu'une bobonne, mais elle en a encore sous le ciboulot ! Faut pas la lui faire à l'envers ! Et soudain, prise d'une irrésistible pulsion, elle attrape son iPad, quitte son application de cuisine préférée et va, ni une ni deux, sur le site d'Amazon pour y laisser un commentaire bien senti sur le roman de sa sœur, qui n'est, il faut bien le dire, qu'un ramassis d'horreurs. La littérature a bon dos ! Et c'est exactement ce qu'elle va écrire : Une étoile, pan ! Prends ça dans ta gueule ! (Elle pouvait être vulgaire quand elle était très en colère.) « Sous prétexte de sensibiliser le lecteur », très bien, comme ça on croyait que c'était un homme qui l'avait écrit, « sur un sujet aussi sensible que la stérilité féminine », tant pis pour la répétition, elle écrit dans l'urgence, « Murielle Petit nous entraîne dans un labyrinthe aussi tortueux qu'indécent », très bon, ça, « en nous racontant cette fable invraisemblable d'une femme, Clara, qui se donne aux hommes et va jusqu'à provoquer les viols !! Le malheur et la souffrance nous exemptent-ils de toute morale ? » Excellent !! « Le monde nous abreuve suffisamment de drames, fallait-il que Murielle Petit ajoute sa pierre à cet édifice de malheurs ? » Elle n'a jamais été aussi inspirée !!

Voilà. Il n'y avait plus qu'à cliquer sur « envoyer », depuis un compte anonyme. C'était lâche, mais tellement libérateur. Machiavélique il est vrai, mais pas pire que de boire un café en douce avec son mari. À cet instant le four se mit à sonner, son dîner était prêt. C'était un signe. « Les garçons, Christian, à table !! » Elle est maintenant ravie et affiche un sourire triomphant quand elle entre dans la salle à manger, son rôti fumant dans les mains. Elle avait un très bon boucher, ils allaient tous se régaler !

24

Mais pourquoi avait-elle accepté ? Pourquoi avoir encore cédé ? Si elle n'avait pas son casque, Murielle se donnerait des baffes. Accrochée à Jérôme, elle fulminait sur le scooter qui les emmenait à sa soirée de lancement. Louise d'Ermenonville et son équipe avaient choisi L'Écume des pages, une librairie qui avait pignon sur rue, boulevard Saint-Germain. À les entendre, le Tout-Paris serait là. Mais Murielle en avait plus qu'assez de toutes ces roucoulades autour de son livre. *Ceci est mon corps* était un cri qui venait du fond de ses tripes, elle ne voulait pas faire des courbettes à tous ces influenceurs, blogueurs, chroniqueurs ou éditorialistes que comptait la capitale. Elle se sentait comme ces animaux exotiques que l'on drogue pour permettre à une tripotée de touristes de faire des selfies. Elle était groggy, encore sous le coup du dernier sms de sa mère : « J'ai lu ton livre. » Ce message la terrifiait, il sonnait comme une menace. Elle n'avait pas répondu, trop effrayée par ce qu'il présageait.

— Arrête-toi ! Arrête-toi, dit-elle en tapant sur le casque de Jérôme.

— Quoi ?

— Arrête-toi je te dis, je vais vomir.

— Je m'arrête dès que je peux, dit-il en levant les yeux au ciel.

Avec Murielle c'était de pire en pire. Ils étaient devant la pyramide du Louvre. Il se garera un peu plus loin, après le pont du Carrousel. Une fois à l'arrêt, Murielle, pliée en deux, crache bruyamment de la bile.

— Ça va ? demande Jérôme en peinant à cacher son agacement.

— Non ! dit-elle entre deux spasmes. Je suis malade, je vais rentrer…

— Tu rigoles ?

— Tu vois bien que je suis malade ? hurle-t-elle, les larmes aux yeux.

— Mais Murielle ! Ils t'attendent ! Cette soirée a été organisée pour toi ! Il y a au moins cent personnes qui veulent te voir !

— Ben justement ! Tu veux que je leur dégueule tous dessus ?

Jérôme est accablé. Il ne lui trouve aucune excuse, il la connaît trop pour ça. Il sait que le stress peut la mettre dans tous ses états. Mais là, tout de suite, elle le fait chier.

— Murielle, on va s'arrêter boire un Coca, attendre que tu te sentes un peu mieux, mais tu ne peux pas les planter. Pas ce soir, c'est la soirée de lancement de ton livre, bordel ! À une époque tu aurais fait n'importe quoi pour être publiée, même mourante tu y serais allée. Qu'est-ce qui t'arrive, putain ?

Il fallait la secouer, lui remettre les idées en place. Mais Jérôme ne réussit qu'à la faire pleurer un peu plus.

— Fous-moi la paix ! M'en fiche, je veux rentrer, je suis pas bien, je suis pas bien, je veux qu'on me foute la paix ! hurle-t-elle, chancelante.

Sans un mot, Jérôme refait démarrer le scooter.

— Bon, tu montes ?

Murielle s'assoit derrière lui en reniflant.

— Alors on va où ? À la maison ou directement à Sainte-Anne ? demande-t-il dans une colère froide.

— À la maison, chouine-t-elle, indifférente à son sarcasme.

Tout ce qu'elle veut, c'est rentrer. Elle n'en peut plus. Elle perd pied, avec l'impression de crever tout le temps sans savoir pourquoi. Oui, se faire publier était la meilleure chose qui lui était arrivée. Et non, elle ne comprenait pas ce qui lui arrivait. Jérôme a raison, elle devient folle. Elle n'ose pas lui demander de prévenir Agathe et Louise, elle leur enverra un sms, prétextera une gastro fulgurante. Pas très glamour, mais c'est toujours mieux qu'une lamentable crise de panique. Et puis ce n'était pas totalement faux, elle était à deux doigts de se pisser dessus. Imaginer tous ces gens, ces inconnus qui attendaient l'auteure de *Ceci est mon corps*, cette « plume puissante, sensible, ce regard nouveau et étonnant sur la femme et l'infécondité »… Elle était censée les éblouir, mais la situation lui paraissait insupportable, insurmontable. Ce n'était pas elle, elle ne se reconnaissait pas, elle n'était pas de taille. Elle n'était qu'une imposture, une merde.

Jérôme dépose Murielle au pied de leur immeuble et repart aussi sec.

— Tu vas où ? sanglote-t-elle.

Jérôme ne répond pas. Murielle monte, abattue mais soulagée, malgré la tournure de cette soirée qui a viré au fiasco. Elle a échappé à ce raout, alors elle respire. Jérôme, lui, ne sait pas où aller. Il ne voulait pas monter avec elle, encore moins la voir se foutre en boule sous la couette. Ça lui rappelle les heures sombres de leurs « années fausses couches ». Alors il roule et prend, l'air de rien, la direction de Saint-Germain-des-Prés. Il va y aller à cette soirée, même sans elle. Comme un papillon de nuit, il a besoin de voir de la lumière, des sourires, et puis ils sont sympas chez Gallimard, il va essayer de rattraper le coup en jouant les doublures pour sa femme. Il dira en rigolant que Murielle s'est laissé pousser du bide et des poils. Peut-être que ça les fera marrer.

Voilà, il a envie d'entendre des rires.

25

Le lendemain matin, Jérôme n'a pas traîné chez eux. Il n'a pas dit à Murielle qu'il était retourné à Saint-Germain-des-Prés et qu'il avait passé, contre toute attente, une super soirée. Louise et Agathe avaient été mortifiées d'apprendre que Murielle avait une grippe carabinée et qu'elle ne s'était pas sentie la force de venir. Jérôme leur avait raconté comment il l'avait bordée avant de les rejoindre. C'était lui qui l'avait mise d'office au lit, tant elle était mal. Il faut croire que lui aussi était doué pour raconter des histoires. Il est parti tôt, pendant que Murielle dormait encore (ou faisait semblant de dormir, il ne voulait pas savoir). Il avait besoin de réfléchir. Son comportement de la veille l'avait profondément déçu. Il le mettait sur le compte d'une immaturité émotionnelle et d'un égocentrisme écœurant. Heureusement qu'ils n'avaient pas eu d'enfant, elle aurait été incapable de faire face et de s'en occuper. Il n'y en avait que pour elle, elle et encore elle. Un vrai bébé. Chez Gallimard, ils s'étaient pliés en quatre pour la sortie de son roman, et c'est comme ça qu'elle les remerciait ? Après toutes ces années d'échecs, elle aurait dû sauter au plafond ! Au lieu de ça Madame ne faisait que se plaindre et pleurnicher. Il avait sa dose. Pour la première fois, il doutait de leur couple. Une chose était sûre, aujourd'hui il ne l'admirait plus.

À son réveil un peu plus tard dans la matinée, Murielle avait reçu un magnifique bouquet de fleurs de la part des éditions Gallimard, accompagné de vœux de bon rétablissement de la part de toute l'équipe. Louise et Agathe se voulaient rassurantes, malgré son absence, que tous avaient bien sûr regrettée, la soirée avait rencontré un vif succès et Murielle avait littéralement brillé par son absence, ajoutant ainsi une touche de mystère. Qu'elle se repose, ils s'occupaient de tout.

Comme quoi, son livre se portait mieux sans elle, pensa-t-elle. Elle avait dormi comme une souche et ça lui avait fait un bien fou. Elle avait également reçu une lettre de sa mère, qui l'attendait sagement posée, sans doute par Jérôme, sur la table de la cuisine. Sa mère ne lui écrivait jamais, même pas une carte postale quand elle était en vacances, aussi préférait-elle attendre d'être bien réveillée pour l'ouvrir. Cette lettre ne lui disait rien de bon. Murielle avait réussi à se convaincre qu'un méchant virus l'avait clouée au lit. Les larmes et les spasmes n'étaient dus qu'à la fatigue. Fin de l'histoire. Après avoir pris une bonne douche, elle envoie un sms à Jérôme : « Ça va ? Qu'est-ce que tu as fait finalement ? J'ai bien fait de rester hier soir, j'ai été malade comme un chien. Merci de m'avoir raccompagnée, bisous. » Mais ce dernier ne lui répond pas. Il doit être occupé ou en scooter. Jérôme était incapable de lui faire la gueule longtemps. Après avoir vaguement vaqué dans l'appartement, vidé le lave-vaisselle et étendu une lessive, Murielle se décide à s'occuper de la lettre. Elle se doute un peu de son contenu mais elle est curieuse de la lire. Après tout, c'est une lettre de sa mère. Dès les premières lignes, son cœur cogne douloureusement dans sa poitrine.

Murielle, cette lettre, j'aurais dû te l'écrire depuis longtemps, mais je n'en ai jamais trouvé le courage. La lecture de ton livre m'a convaincue de le faire. Ce que je vais te raconter, je ne l'ai dit encore à personne, pas même à ton père. Si je me suis tue pendant toutes ces années, c'est avant tout parce que je voulais oublier, nier même ce qui m'était arrivé un soir de décembre. Mais compte tenu de ton histoire personnelle je ne peux pas te cacher plus longtemps ce lourd secret, lié à ta naissance. Je te dois bien cela. Il m'est arrivé ce qui arrive malheureusement à des millions de femmes, j'ai été violée un soir dans la rue par un inconnu. J'ai réussi à rentrer, terrifiée, en état de choc. Une fois à la maison, j'ai dit à ton père que j'avais fait une grosse chute, une histoire bête de talon coincé dans une grille pour expliquer mon état et celui de mes vêtements. Je ne sais pas s'il m'a crue, nous n'en avons jamais reparlé. Et en ce qui me concernait, cela m'allait très bien, je ne voulais surtout pas revivre ce cauchemar et encore moins porter plainte. C'est déjà difficile aujourd'hui, alors imagine à l'époque. Sur le moment cela m'a semblé être la meilleure solution pour moi.

Quelques semaines plus tard, je me suis rendu compte que j'étais enceinte. Mais j'étais alors incapable de savoir de qui, de ton père ou de mon agresseur ? Impossible dans ces circonstances de me réjouir de ce qui s'apparentait pourtant à une très bonne nouvelle. Avec ton père, nous voulions un bébé. Comme tu le sais, ta naissance a été très difficile. J'ai énormément souffert. Je crois avec le recul que je ne voulais pas te laisser sortir, j'avais peur de toi. Quand je t'ai vue gesticulante, hurlante, tout m'est revenu, son odeur infecte, ses cheveux roux, j'avais envie de hurler moi aussi. Tu as pleuré pendant des semaines et des semaines, tu étais inconsolable, comme moi. Je ne t'ai pas accueillie, Murielle, je ne t'ai pas fait de place dans mon cœur ni dans mes bras. Heureusement ton père était là pour toi. C'est avec la naissance de ta sœur que je me suis sentie mère pour la première fois. Si je te raconte tout ça, c'est parce que jusqu'ici je n'avais jamais fait le lien entre tes fausses couches et mon viol. Mais quand j'ai lu ton roman, j'ai eu un choc. Et j'ai compris : cette histoire que tu racontes de femme stérile, qui se donne sans aucune restriction au premier venu ou pervers… J'y ai vu, peut-être à tort, un lien direct avec mon viol, et j'en ai été bouleversée, Murielle. C'est comme si tu avais, toi, trouvé les mots, tes mots pour dire les choses et ce qui m'était arrivé à moi. J'ai été trop secouée pour finir ton livre. Mais j'en ai suffisamment lu pour te demander pardon. Pardon de n'avoir pas eu le courage de parler, pardon de t'avoir si mal aimée. Pardon de ne pas avoir été une mère pour toi. Tu es toi aussi une victime de ce salaud. J'imagine qu'à ton tour tu vas avoir un choc en me lisant et je m'en excuse. Tu auras peut-être des questions, auxquelles je te répondrai dans la mesure du possible. Mais je te propose qu'on attende un peu avant de se parler. Même si ces événements datent, ils restent très frais pour moi. Il faut que je digère mon histoire et le mal qui en a découlé. Que j'affronte ce mal que je t'ai fait. Je sais que je ne te l'ai jamais dit, mais aujourd'hui je peux le dire, je t'aime, Murielle. Oui, je t'aime de tout mon cœur, même. Je me suis trompée pendant toutes ces années, mais j'ai compris en lisant ton livre que ce que je n'aimais pas n'était pas toi, mais ce que tu représentais. Tu sais, je trouve que les femmes d'aujourd'hui ont raison, il faut parler, libérer la parole, se taire ne sert à rien, sinon aggraver le mal et faire d'autres victimes. Je suis fière de toi.

Je t'embrasse,

Maman

Murielle s'affaisse sur sa chaise, la lettre lui échappe des mains, l'air lui manque.

26

En rentrant ce soir-là, Jérôme trouve Murielle en larmes, en boule sous la couette.

— Super, lâche-t-il sans aucune empathie.

Combien de fois l'avait-il trouvée dans cette posture ? Mais cela remontait à l'époque des premières fausses couches. C'était alors normal et compréhensible. Lui-même partageait cette tristesse. Mais là, franchement…

— Ça va mieux, à ce que je vois, commence-t-il sarcastique.

— Tiens ! lui répond-elle, le visage bouffi par les larmes, en lui tendant une lettre chiffonnée.

— C'est quoi ?

— Lis !

— Murielle…, soupire-t-il.

— Lis ! Lis, je te dis ! hurle-t-elle.

Sans un mot, Jérôme prend la lettre et commence à la lire, pour gagner du temps et lui faire plaisir. Mais très vite il est happé par les mots de Carole. Il lève la tête vers elle sans rien dire.

— Continue ! lui ordonne-t-elle.

— Putain ! Putain ! PUTAIN ! Mais c'est quoi ce délire, Mumu ?

Murielle n'est pas en état de lui répondre, elle vient de se transformer en fontaine. Jérôme se précipite pour la prendre dans ses bras. Choqué lui aussi, bouleversé pour elle et contrit de l'avoir trahie ces dernières heures. La souffrance de Murielle était bien réelle et, s'il en croit cette putain de lettre, elle avait toutes les raisons pour.

— Je suis l'enfant d'un viol, Jérôme, tu te rends compte de ce que ça veut dire ? Le fruit pourri d'une agression, la fille d'un salaud ! Toutes ces années à me sentir mal… Je comprends mieux ce sentiment d'abandon de la part de ma mère. En fait, elle me haïssait ! Dès le départ c'était foutu pour moi, je n'aurais jamais dû vivre…

— Chut, chut, ne dis pas ça, ce n'est pas ta faute, tu es une victime, ce n'est pas ta faute…

Jérôme ne sait pas que dire d'autre. Lui aussi est chamboulé par cette révélation. Il est furieux, furieux contre Carole, pourquoi avoir attendu toutes ces années pour parler ? Pourquoi le dire maintenant et de façon aussi mélodramatique ? C'était absurde et égoïste.

Murielle est submergée, assommée par un chagrin abyssal, frappée par cette vérité, limpide. Toutes ces années à tomber enceinte… tous ces embryons qui finissaient dans les toilettes ! Ces bébés ne pouvaient pas naître. Ce n'étaient pas les embryons qui la lâchaient, mais son corps, son utérus qui les rejetait. Comment porter, accueillir un enfant, quand on est le fruit du mensonge et, pire encore, d'un viol ? Son corps, son cœur, ses cellules, savaient mais pas elle. Son inconscient lui interdisait de se reproduire, il veillait à ce qu'elle les rejette un à un. Elle ne pouvait pas transmettre, reproduire les gènes du violeur de sa mère. Elle ne pouvait pas donner la vie. Voilà ce qu'essayait de lui dire son corps pendant toutes ces années de stérilité pathologique, il lui envoyait un message qu'elle ne décryptait pas. Et c'était là, sous ses yeux, comme un caillot de sang au milieu de sa culotte. Cette révélation vertigineuse est sans doute la plus cruelle à admettre pour Murielle. L'ennemi est en elle. Sa mère ne l'a jamais aimée, elle ne voulait pas d'elle. Sa mère ne voulait pas d'enfant de son violeur. Elle n'est pas la fille de son père, de Jacques, cet homme gentil, attentionné, tendre et câlin. Non, elle est la fille d'une brute, d'un connard, d'un psychopathe, d'un détraqué, d'un bourreau, d'une silhouette menaçante dans une ruelle, d'un homme à l'odeur « infecte ». Roux, comme elle. Murielle aurait voulu ne jamais être née. Elle aurait dû finir dans les toilettes. Elle voudrait crever.

27

Carole pensait à Murielle avec angoisse. Elle avait dû recevoir sa lettre, maintenant. Elle avait beaucoup hésité avant de l'envoyer, mais avait décidé de dire la vérité, malgré le prix à payer. Cette lettre, qu'elle avait écrite d'une traite, sans hésitation ni rature, elle la portait en elle depuis si longtemps. Elle était désolée pour sa fille, même si pendant des années elle avait surtout été désolée pour elle-même. Elle avait presque réussi à oublier. Quand Cathy était née, elle avait tout balayé, et Carole s'était alors engouffrée dans la maternité comme si c'était la première fois. Elle avait couvé sa petite Cathy, jalousement. Tandis que Jacques était là pour Murielle. Et ça roulait, ils avaient trouvé une sorte d'équilibre, jusqu'à la mort de Jacques. Aux personnes qui s'étonnaient des cheveux roux de Murielle, elle évoquait un grand-oncle et les mystères de la génétique. Personne n'avait jamais soupçonné quoi que ce soit. Pas même Jacques. Après son agression elle s'était vite reprise, elle avait tout verrouillé et décidé d'aller de l'avant coûte que coûte. Elle n'était pas la première ni la dernière à qui cela arrivait. Elle avait surmonté son agression, pas question de céder à la peur, sa terreur elle l'avait abandonnée à son triste sort, dans cette ruelle sombre. Seule la naissance de Murielle avait été cauchemardesque. Après plus de trente heures de travail épuisant et douloureux, on lui avait présenté ce bébé violet, énorme, repoussant et braillard. Elle l'avait tout de suite détesté, c'était physique, comme un instinct maternel, mais à l'envers. Alors bien plus tard, quand Murielle s'était révélée stérile, Carole avait trouvé que la nature faisait bien les choses, mettant ainsi un point final à leur histoire. Et à cette douleur qui, elle s'en rendait compte aujourd'hui, ne l'avait jamais quittée.

Mais le livre de Murielle avait fissuré quelque chose en elle, son roman avait surgi comme de la mauvaise herbe, et la digue avait cédé. Elle avait vu pour la première fois sa souffrance à elle, et ce n'était pas beau à voir. Elle avait compris que cette histoire n'avait pas été écrite ni publiée par hasard. Il fallait que la vérité sorte, coûte que coûte et par tous les moyens. Il y avait trop de souffrance. C'était injuste pour Murielle, qui n'avait rien demandé. Elle était elle aussi une victime. Et pour la première fois de sa vie, Carole se sentait proche, dans la douleur, de sa fille, tout en ignorant quand elle aurait le courage de la regarder en face, d'affronter son regard lourd de reproches. Pas demain en tout cas.

28

Jérôme regarde avec attention ses photos, les portraits qu'il a faits de Nicole, sa mère. Il a opté pour de la couleur, avec un sujet comme elle le noir et blanc était trop convenu. Il est frappé par la beauté qui se dégage de cette laideur. Chaque photo de la série est accompagnée d'une phrase, d'une citation propre à son sujet, la première est : « Il faut serrer la vis. » Sous la seconde on peut lire : « Il est quelle heure ? Rappelle-moi, c'est maman », ou encore : « Qu'est-ce qu'on peut faire ? Rien ! » L'ensemble est aussi réussi que poignant. C'est à la fois triste, grave, décalé et déconcertant. Sur certaines, la mère sourit à son fils. Elle était si heureuse, ce fameux jour, qu'il la prenne en photo. Le portrait serré ne cherche pas à cacher sa mise en plis ratatinée et flétrie. Au contraire, il montre tout : la petite miette de pain au coin de la bouche, le fond de teint mal étalé, le chemisier froissé, taché et mal boutonné, sa solitude, son air égaré, sa maladie, son absence, les heures trop nombreuses de sommeil et sa joie de poser, d'être regardée par ce fils qu'elle aime tant, malgré tout ce brouillard dans sa tête. Il est son phare, sa fierté. Jérôme réalise en se plongeant dans le regard éteint de sa mère que c'est son regard à lui qui rend ces photos si belles. Qu'il a réussi à sublimer toute cette merde. Il en est bouleversé. Cela saute aux yeux, il y a de l'amour dans ce regard. Et c'est ce qui rend ses portraits d'autant plus touchants. Ce sont les photos d'un fils qui aime sa mère. Il ne s'y attendait pas, pourtant ça saute aux yeux. Il l'aime, putain. Et ça lui donne envie de chialer. Décidément, c'est à la mode en ce moment. Pourtant il ne supporte pas, il a honte de sa mère, il la maudit mais il l'aime. Parce que, au fond, on aime toujours sa génitrice, même si elle est cassée, moche, malade, bonne à jeter, inutile. Tout nous ramène à elle. Avec ses photos, Jérôme a réussi à saisir cet amour enfoui. Comme on retrouve par hasard un vieux jouet chéri, abandonné sous un buisson d'orties et de ronces. Et il se dégage de ses portraits une grande force. On voit tout ce qu'il mettait jusqu'ici un point d'honneur à cacher. Et le comble, c'est qu'il va l'exposer, à la vue de tous. Lui qui, il y a quelques jours encore, s'agaçait des larmes de Murielle pleure maintenant comme un gros bébé. Pendant de longues et douloureuses minutes il ouvre grandes les vannes pour évacuer toutes ces années merdiques, cette haine qui stagnait en lui toutes ces années comme de l'eau croupie. Ce magma saumâtre, c'était de l'amour qui avait mal tourné, de l'amour caillé et qui pue. Il sait qu'avec ces photos il tient quelque chose, il a fait du bon boulot, il a appuyé sur le bon déclencheur. Il a déjà une autre idée, un autre thème, tellement évident et qui lui tient à cœur. En attendant il envoie ces clichés à un ou deux agents, ceux dont Agathe l'attachée de presse lui a parlé. Il a confiance dans son travail, il sait déjà qu'ils vont le rappeler. Et si ce ne sont pas eux, ce sera d'autres, parce qu'il a trouvé sa voie, en tout cas son identité artistique, et pour une fois il ne doute pas.

29

— Allô, Cathy ? C'est moi…, pleure Murielle au téléphone.

— Murielle ? Ça va ? Tu as une drôle de voix…

— Non, ça ne va pas, pas du tout, figure-toi que maman m'a écrit.

Dans la tête de Cathy, c'est l'alerte rouge ! Mon Dieu, Murielle est tombée sur sa critique Amazon et elle croit que c'est leur mère qui l'a laissée. Elle s'était pourtant bien assurée que c'était anonyme ! Comment est-elle remontée jusqu'à elle ? Comme tous les auteurs, Murielle doit passer des heures à lire et décrypter les critiques autour de son livre. Et dans ce tourbillon de louanges elle aura senti l'attaque personnelle. Et elle aura tout de suite pensé à leur mère, pas étonnant quand on connaît leur relation. Oh, mon Dieu. Elle aurait dû la supprimer.

— Attends, non, de quoi tu parles, Murielle ? Je ne sais pas ce qui se passe, mais il ne faut pas te mettre dans un tel état pour un livre…

— Je suis la fille d'un violeur ! De son violeur !

— Quoi ?

— C'est ce qu'elle m'a écrit, tu penses bien qu'elle ne me l'a pas dit en face ! ricane méchamment Murielle.

— Attends, attends, Murielle, qu'est-ce que tu racontes ? De quoi tu parles ? Je ne comprends rien.

— Maman m'a écrit une lettre dans laquelle elle m'explique qu'elle a été violée il y a quarante-deux ans et que je suis le fruit de ce viol !

À l'autre bout du fil, Cathy reste sans voix. Elle se demande un instant si sa sœur a définitivement perdu la boule ou si c'est leur mère qui commence un Alzheimer. Puis elle l'écoute dans un silence grave.

Pour la première fois de sa vie, Cathy ne trouve rien à dire. Comme sa sœur, elle tombe des nues ! Qu'est-ce que c'était que cette histoire ? Sa mère, dont elle était pourtant très proche, ne lui avait jamais parlé de viol !

— Mais qu'est-ce qu'elle t'a dit exactement ?

Murielle lit tant bien que mal la lettre de Carole. Elle est stoppée dans sa lecture par ses propres sanglots et les exclamations outrées de sa sœur.

— Mais c'est pas vrai !

— Et le pire, Cathy, le pire c'est qu'elle ne m'aurait jamais rien dit si je n'avais pas été publiée et qu'elle n'avait pas lu mon livre ! Toute ma vie elle me l'aurait caché ! Tu te rends compte ? Elle voyait bien que j'étais malheureuse, mal dans ma peau, que je n'arrivais pas avoir d'enfant et elle ne disait rien ! Toute ma vie elle m'aura fait du mal ! Je ne veux plus jamais la revoir !

— Dis pas ça, temporise Cathy, plus par réflexe qu'autre chose.

— De toute façon, je te rassure, ça ne changerait pas grand-chose. Elle ne m'appelait jamais, c'est toujours moi qui le faisais !

En prononçant ces mots, Murielle comprend qu'en agissant ainsi, en appelant sa mère quotidiennement comme elle le faisait, et alors qu'elles n'avaient jamais rien à se dire, elle attendait d'elle des mots qui ne venaient pas. Quelque chose, un signe, ou plutôt un miracle. À l'autre bout du fil Cathy ne sait pas quoi faire pour consoler sa sœur. Elles n'ont jamais été proches. Il faut admettre que leur mère ne leur a jamais donné l'occasion de l'être. Elle les séparait toujours, faisait en sorte qu'elles n'aient aucune activité ou aucun jeu en commun. Aujourd'hui elle comprend mieux pourquoi et se sent très triste pour Murielle et pour elle aussi. Quelque part, sa mère l'a privée de sa grande sœur. Honteuse, elle prend conscience de sa propre lâcheté. Elle ne s'est jamais rebellée face à ce favoritisme pourtant flagrant. Elle n'a jamais fait d'effort particulier pour se rapprocher de Murielle. Comme une enfant gâtée et trop heureuse d'être celle qui ramassait tous les regards dans cette chasse aux compliments. Piteuse, elle ressent le besoin de faire pénitence en se montrant sous son vrai jour.

— Moi aussi il faut que je t'avoue quelque chose, Murielle..., commence-t-elle.

— Quoi ?

— Tu sais, dernièrement je me suis mal comportée avec toi...

— Comment ça ? renifle Murielle.

— Je n'en suis pas fière et j'espère que tu me pardonneras... Alors voilà, c'est absurde, mais j'ai écrit une mauvaise critique de ton livre sur Amazon ! lâche-t-elle d'une traite et en fermant les yeux de honte.

Silence à l'autre bout du fil. Cathy se demande un instant si c'était vraiment le moment de lâcher cette révélation, cet herpès mental qui la démangeait tant.

— Mais pourquoi ? murmure Murielle.

— Mais parce que j'étais jalouse ! De toi, parce que tu avais pris un café avec Christian et qu'avec lui je ne partage plus rien, pas même un café ! Parce qu'on ne baise plus, et qu'il préfère transpirer tout seul dans les bois plutôt qu'avec moi dans le lit ! Parce que je me sentais conne avec mon blog de bobonne... parce que... parce que je suis minable, Murielle ! finit-elle dans un éclat de rire un peu forcé.

Cathy se sent tellement plus légère ! C'est moche à dire et à entendre, mais ça fait un bien fou. C'est comme vider un évier bouché. Et les deux sœurs partent dans un fou rire salvateur, le premier de leur vie, ensemble. Elles pleurent de rire au téléphone comme deux ados surexcitées, et c'est tellement bon de glousser entre sœurs. Pour la première fois de leur vie elles se sentent proches, à ricaner comme des bécasses, intimes même.

— T'es bête ! hurle Murielle, qui avait bien besoin de lâcher la pression.

— Ah la vache ! C'est trop bon !

— Mais pourquoi tu me dis ça maintenant ? glousse nerveusement Murielle.

— Je ne sais pas ! J'ai juste eu besoin d'être sincère avec toi. Ça fait une semaine que je culpabilise à mort ! Je suis atterrée que maman se soit tue pendant quarante et un ans !!

— Elle ne l'a même pas dit à papa…

— C'est dingue !

Ensemble, elles prennent la mesure de ce long silence qui ressemble de loin à une prison.

— Tu sais, si tu as le temps, on pourrait se prendre un café toi et moi, suggère Murielle.

— Ça me ferait très plaisir, Murielle, je sais que j'aurais dû être plus présente avec toi, je me suis lâchement reposée sur Jérôme. Mais vous avez l'air si proches… Je crois qu'au fond j'ai toujours été un peu jalouse de votre complicité, on dirait que toutes ces épreuves vous ont rapprochés, dit-elle pudiquement.

— Tu étais déjà très prise, Cathy, trois enfants à élever c'est du boulot ! Tes fils sont formidables ! Je t'admire pour ça, tu te donnes beaucoup de mal pour ta famille, tu leur organises plein d'activités, tu arrives à être présente sur tous les plans…

— Tu parles, je suis surtout une grosse dondon ! soupire Cathy.

— Dis pas ça…

— Si, si, je sais ce que je vois dans mon miroir et, crois-moi, ce n'est pas joli, joli…

— Attends, tu as eu trois garçons, trois grossesses, ce n'est pas rien…

— Et un avortement !

— Quoi ?

— Oui. J'ai avorté il y a deux ans, je ne l'ai dit à personne, pas même à Christian… Tu vois, moi aussi j'ai le goût des secrets…

Cathy réalise que sa vraie prise de poids date de ce moment-là. Elle s'était mise à grignoter comme un lapin toute la journée. Et en y réfléchissant bien, c'était d'ailleurs à cette époque que Christian s'était lancé dans la course à pied. Que cherchait-il à fuir en courant comme il le faisait ? Elle, ou sa vie ? Pourtant Christian avait beau améliorer ses performances et gagner en vitesse, il n'allait pas plus loin qu'un hamster dans sa roue. Mon Dieu, ils n'étaient pas des parents mais des rongeurs ! Et de là à être des nuisibles…

— Attends, ça n'a rien à voir, tu n'as fait de mal à personne, toi.

— Tu m'en veux ?

— De quoi ?

— Ben, tu sais bien, d'avoir avorté alors que de ton côté… enfin, tu sais.

— Pourquoi je t'en voudrais ? Je n'ai pas à te juger et tu avais certainement tes raisons. Et je suis bien placée pour savoir qu'il n'y a rien de pire que d'être un enfant non désiré.

Cathy fut soulagée de l'entendre. Renoncer à cet enfant avait été le choix le plus difficile de sa vie et elle prenait conscience de son poids seulement maintenant. Un choix sans doute trop lourd pour elle seule. Quelle idée de croire que Christian n'était pas concerné ?

Murielle sourit. Elle se sentait un peu mieux, malgré sa tristesse. Parler avec Cathy lui avait fait un bien fou. Elle avait apprécié la sincérité de sa sœur, qu'elle se dévoile et sorte de son rôle de « meilleure maman du quartier ». Cathy aussi avait sa part d'ombre et de chagrins. Mais rire avec elle, c'était magique ! Enfant, sa mère ne lui laissait jamais prendre cette petite sœur dans les bras, elle n'avait jamais eu l'autorisation de lui donner un biberon ni de la changer. Elle avait toujours tout fait pour les séparer, et Carole avait si bien réussi qu'elles étaient devenues le jour et la nuit, presque des inconnues. Murielle ne voulait pas revoir sa mère. Elle ne se sentait pas prête, c'était trop grave. Et si elle comprenait sa réaction en tant que victime de viol, elle n'avait pas la même indulgence pour son silence. Il avait eu sur sa vie des conséquences irréversibles. À cause de lui, elle n'aura jamais d'enfant. Elle ne sera jamais maman. C'est trop tard maintenant. Le temps qu'elle intègre et digère cette révélation, elle sera ménopausée. Elle avait quarante et un ans passés, c'était foutu. C'était tellement injuste. Heureusement il lui restait son prix de consolation, l'écriture. Mais ces révélations avaient au moins eu le mérite de la rapprocher de sa sœur. C'était juste dommage qu'il ait fallu attendre trente-cinq ans pour faire connaissance.

30

Murielle est tendue, elle doit passer au journal aujourd'hui. Jusqu'ici elle a trouvé mille bonnes raisons de ne pas y aller, de ne pas croiser leur regard, mais à moins de se faire virer elle ne peut pas y échapper plus longtemps. Yannick avait déjà accepté ses excuses, ils allaient tous faire comme si de rien n'était et reprendre le cours morne des événements. En sa qualité de responsable de la page animaux, elle n'avait pas une obligation de présence quotidienne, il était toujours temps de la mettre au parfum des dernières conférences de rédaction. Bien sûr, avec le temps, les choses allaient se tasser, rentrer dans l'ordre. En attendant, elle avait acheté à chacun un petit quelque chose, un joli carnet pour Karène, une boîte de chocolats pour Yannick, le tout accompagné d'un petit mot personnalisé pour s'excuser encore de ce terrible malentendu. Elle était forte pour ça.

— Tu veux que je te dépose ? lui propose Jérôme.

— Non, c'est gentil, t'embête pas pour moi.

— Mais ça ne m'embête pas, sourit-il.

Depuis la lettre de Carole, les choses allaient beaucoup mieux entre eux. Comme chaque fois, le chagrin les avait rapprochés, il faisait partie de leur ADN. Jérôme l'avait consolée tant de fois dans sa vie. Lui aussi était fort pour ça. Curieusement Murielle avait fini par trouver une forme de soulagement dans cette lettre. Elle avait eu le mérite d'apporter une réponse à toutes ses questions. Elle tenait ses cheveux roux de son géniteur, un violeur, mais Jacques son père l'avait aimée comme sa propre fille et plus que jamais il lui manquait. Dans la vie il y avait deux sortes d'hommes : ceux qui saccagent et détruisent, et ceux qui épaulent et construisent. Jérôme faisait partie de ceux-là. Il était sa voûte et la protégeait envers et contre tout. Ensemble, ils étaient indestructibles.

— Et toi tu fais quoi aujourd'hui ?

— J'ai rendez-vous… avec un agent.

Murielle lève les yeux vers lui, surprise.

— Un agent ?

— Un agent de photographe, c'est Agathe qui m'a donné son contact, je lui ai envoyé des photos et elle veut me rencontrer.

Murielle découvrait qu'Agathe, *son* attachée de presse, et Jérôme se parlaient sans sa permission et, mieux encore, cette dernière le recommandait pour un travail dont elle ignorait tout. Allait-elle découvrir autre chose ?

— Ah ? Et, heu… quelles photos ?

— Ne me regarde pas comme ça. Tu étais tellement mal, je n'ai pas eu l'occasion de te les montrer, mais j'allais le faire, bien sûr !

— Quand ?

— Maintenant si tu veux ? Enfin, si tu as cinq minutes ?

Bien sûr qu'elle voulait, ses retrouvailles avec Yannick pouvaient attendre. Et Murielle découvre ébahie le travail de Jérôme. Elle passe des yeux de Nicole sur les clichés à ceux de son mari, ne sachant pas lesquels la surprennent le plus.

— C'est beau, c'est incroyable, c'est beau ! Bravo, dit-elle émue.

— Ça te plaît alors ?

— Beaucoup ! C'est émouvant, et en même temps il y a quelque chose de presque malicieux, de tendre.

— Merci, dit-il, aussi ému qu'elle.

— Tu les as prises l'autre jour ?

Jérôme hoche la tête.

— Ben c'est bien, tu vois, tu peux voir ta mère seul, comme un grand, dit-elle avec un sourire taquin.

— Oui.

— C'est très réussi, vraiment ! Je comprends qu'un agent veuille te rencontrer.

— C'est juste un rendez-vous...

— Pour le moment ! Tu as beaucoup de talent, Jérôme, je l'ai toujours su.

— Tu sais, Murielle, dit-il en lui attrapant la main, ce qui compte aujourd'hui, c'est de continuer à avancer, ensemble, tous les deux. Il faut oublier le passé, passer outre. Ce qui compte c'est d'en faire quelque chose, non ? Et si possible de beau. Toi et moi, on n'aura jamais d'enfant, c'est comme ça, on n'y peut rien. C'est peut-être notre karma. Mais ça ne veut pas dire qu'on ne peut rien laisser derrière nous.

Regarde, toi, tu avais toutes les raisons de te sentir mal et tu as écrit cette histoire. Et c'est justement *cette histoire-là* qui a été publiée. Ce n'est pas un hasard. Avec ce roman et ton personnage de Clara tu touches des gens, tu provoques quelque chose chez le lecteur et ce n'est pas rien, c'est même beaucoup. On n'a pas d'enfant, mais ton livre, lui, fait des petits. Alors ne lâche rien. Continue d'écrire, Murielle, tu as du talent, des choses à dire, et surtout tu es faite pour ça, comme moi je pense être fait pour la photo.

Murielle est surprise, par la force de sa pensée et peut-être plus encore par la confiance qui s'en dégage. Jérôme n'est pas suffisant, mais confiant dans la justesse et la portée de son travail. D'un coup, elle se sent forte. Alors elle lève la tête et redresse ses épaules. Affronter Yannick, Karène ou Joseph devenait moins pesant. C'était juste des collègues de travail qui avaient essayé de se montrer gentils à son égard et elle avait mal réagi. Voilà. Elle s'en remettra et eux sont déjà passés à autre chose.

— Merci, Jérôme, ça me touche beaucoup, surtout venant de toi. Tu es la personne la plus importante dans ma vie, tu le sais ?

Jérôme hoche la tête, attentif à ce qui va suivre.

— Mais surtout bravo à toi, je suis bluffée par tes photos et tellement fière ! Tu es sorti de ta zone de confort, tu as osé devenir photographe et tu t'es montré honnête, sincère. J'imagine que ça a dû être difficile. Je connais ta mère et je te connais toi, je sais à quel point tu as détesté grandir à ses côtés. Mais tu vois ces photos ? Je n'ai jamais vu ta mère aussi heureuse. Vous avez réussi à partager un moment de bonheur… alors bravo ! Sur ce, et sans vouloir casser l'ambiance, j'y vais, dit-elle en l'embrassant, la grande écrivaine que je suis a un article sur la cataracte à écrire ! Tu me raconteras ton rendez-vous ce soir ?

— Absolument. Bonne cataracte, ma chérie !

Murielle lui tire la langue et part d'un pas léger.

31

MamanDeToisLoulous.com

« Salut les copines !

« Aujourd'hui c'est un billet un peu spécial, je vais vous parler d'un livre, celui de ma sœur Murielle Petit. Il s'appelle *Ceci est mon corps* (aux éditions Gallimard). Certaines d'entre vous en auront peut-être entendu parler, il est partout ! Pour être honnête, je ne l'aurais pas lu si ce n'était pas ma sœur qui l'avait écrit, et pourtant cela aurait été bien dommage !! C'est l'histoire d'une femme, Clara, qui est stérile, elle se sent maudite et décide de donner son corps (j'en vois déjà qui froncent les sourcils LOL) au premier homme venu, à tout le monde en fait ! Et sans vouloir trop en dire, elle se fait violer, limite dévorer… C'est un conte gore un peu maléfique, que je qualifierais même de gothique ! Oui, je sais, dis comme ça, ce n'est pas très glamour, mais après tout ça n'est pas pire que Barbe-Bleue ou le Petit Poucet, ces contes terrifiants que l'on raconte à nos enfants !

Et honnêtement je serais moins dithyrambique si ma sœur ne l'avait pas écrit, Mais je voulais juste lui dire à quel point je suis fière d'elle ! On n'a jamais été très proches, elle et moi, je crois que je ne vous en ai jamais parlé sur ce blog, c'est dire, alors que nous n'avons que quatre ans d'écart ! Mais dernièrement on s'est (re)découvertes et je me suis rendu compte à quel point elle avait pu me manquer, toute ma vie en fait ! Voilà !! Lisez-le et vous me direz ?

« Et j'en profite pour vous annoncer qu'il va y avoir des changements sur ce blog. Je n'ai pas toujours été très honnête avec vous. Aujourd'hui j'ai décidé d'arrêter de me bercer d'illusions avec mes jolies photos, mes mises en scène ou mes vidéos. Même si vue de ce blog ma vie de famille a l'air sympa, comme toutes les familles elle est loin d'être parfaite ! Je vais vous faire une confidence : ces dernières années mon mari s'est transformé en véritable marathonien, avec un corps d'athlète (ne comptez pas sur moi pour mettre des photos, coquines !!), tandis que moi je suis devenue… heu… grosse (encore moins !). Nos corps ont pris des directions diamétralement opposées ! (Un peu comme nos sentiments je dirais, LOL.) Et j'en suis arrivée à la conclusion que dans nos vies de femmes pressées, de mères "parfaites", on oublie justement trop souvent d'écouter notre corps. Tout ça pour vous dire que je suis en plein travail de réflexion sur ma vie de couple et ma vie de femme et de famille en général. Parfois il faut avoir le courage de mettre ses deux mains dans le caca (et avec trois enfants, j'ai pourtant l'habitude !! LOL). Je pense qu'il est peut-être temps que je me remette à travailler. Mes trois garçons vont à l'école maintenant et j'ai envie de leur donner l'image d'une maman épanouie et dynamique. (Ne me faites pas dire ce que je n'ai pas dit, mère au foyer c'est un job à plein temps et je suis bien placée pour le savoir !! Mais qui ne me convient plus.) Voilà. J'espère quand même vous avoir donné un peu envie de découvrir le livre de ma sœur et surtout j'espère que vous ne m'en voudrez pas d'avoir jeté un pavé (ou plutôt une couche pleine !! LOL) dans la mare. Mais à force de mettre toujours en avant l'aspect positif de nos vies, on en vient à faire comme si les choses négatives n'existaient pas. Et à force de les oublier, on les laisse s'accumuler... et après, bonjour le bordel ! (Un peu comme mon panier à linge sale !)

« Je vous embrasse et vous dis à bientôt, les filles !

« Votre Cathy. »

« Merci pour tous vos commentaires !! C'est si bon de vous lire ! Je vous adore ! Je ne savais pas que nous étions si nombreuses à être malheureuses, j'ai presque envie de dire : Génial !! LOL !! Gros bisous et big up, les filles !! Ensemble on va se soutenir !! »

32

— Bonjour, Jérôme, dit Stéphanie en lui tendant une main franche et amicale.

Stéphanie Huchet, la copine de promo d'Agathe, semble sortir du même moule qu'elle. La trentaine, la même allure bourgeoise, la même élégance naturelle. Stéphanie est juste un peu plus directe que son amie. Son bureau est à son image, clair, lumineux, moderne sans être tapageur. Il respire l'assurance et le bon goût. Des photos au mur, parfaitement mises en valeur, montrent l'éclectisme et la créativité de son pool de photographes. Jérôme leur jette un œil discret et admiratif.

— Bonjour, enchanté, Stéphanie.

Jérôme a beau avoir fait un laïus d'enfer à Murielle, il n'en mène pas large. Il est intimidé de se retrouver dans ce bureau du onzième arrondissement…

— Je suis très heureuse qu'Agathe vous ait recommandé. Comme je vous le disais, j'ai beaucoup aimé votre série de photos, vous avez un très beau regard.

— Merci.

Jérôme tente de maîtriser ses pieds qui s'agitent nerveusement sous sa chaise.

— Qui est cette dame que vous avez photographiée ? Vous la connaissez, c'est votre grand-mère ?

— Ma mère, souffle-t-il en rougissant.

C'est vrai que Nicole faisait beaucoup plus que son âge. Il sourit intérieurement en ayant une pensée pour Murielle. Entre prendre sa mère en photo dans l'intimité de son appartement miteux et l'assumer publiquement et notamment en plein rendez-vous professionnel, il y a un pas, que Jérôme venait pourtant de franchir. Mais ses oreilles le chauffaient douloureusement.

— Vos photos ont deux qualités essentielles à mes yeux : elles sont puissantes et émouvantes. C'est franc, sincère, sans chichis, et l'ensemble est très beau. Et je ne parle pas des phrases que vous avez mises en épigraphe et qui apportent une deuxième lecture !

Voir les portraits de sa mère entre les mains de cette jeune femme belle, élégante et bien éduquée était une expérience assez déroutante pour Jérôme. Le contraste entre ces deux femmes est saisissant. Stéphanie Huchet est l'antithèse parfaite de Nicole, sa mère. « Si elle a des enfants un jour, jamais ils n'auront honte d'elle », pense-t-il. Ils auront au contraire toutes les raisons d'être fiers de leur maman. Elle représente tout ce à quoi une jeune fille d'aujourd'hui aspire : l'intelligence, le savoir-faire et l'indépendance. Grandir avec Nicole, la côtoyer au quotidien, dans son intimité, avait vraiment fait horreur à Jérôme. Il l'entendait encore marmonner, brailler la nuit, hagarde, comme une soûlarde. Elle l'appelait pour lui demander l'heure ou s'il avait fait ses devoirs, inconsciente qu'il faisait nuit.

— Merci, ce sont les messages de ma mère, elle a sa propre logique, dit-il en tentant de paraître détendu et amusé.

Stéphanie Huchet acquiesce gentiment.

— C'est ce que j'avais cru comprendre. Elle est malade, votre maman ?

— Dépressive, depuis toujours, marmonne-t-il en se tortillant sur sa chaise.

— Et vous en avez d'autres comme ça à me montrer ? Vous travaillez sur quelque chose en ce moment ?

— Heu… oui, j'ai une idée intéressante… enfin je pense…

— Vous voulez bien m'en dire plus ? Et je vous explique ce que j'envisage pour vous après.

— Agathe vous l'a peut-être dit, je suis le mari de Murielle Petit, l'auteure de *Ceci est mon corps*…

— Oui, je sais, sourit aimablement Stéphanie. Agathe ne tarit pas d'éloges à son sujet. J'ai lu le livre de votre femme, bien sûr, et je l'ai beaucoup aimé. Son écriture est très intéressante.

— En fait, Murielle a fait beaucoup de fausses couches…

Mon Dieu, il s'y prenait comme un manche. Stéphanie Huchet ne lui demandait pas de raconter sa vie, encore moins de lui sortir le dossier médical de Murielle, elle l'interrogeait juste sur son travail. Jérôme serre les dents.

— Bref, et heu… j'ai pensé à une série de portraits, en couleurs aussi, sur ce thème. Ça s'appellerait *Fausse couche*. L'idée c'est de prendre en photo des femmes qui ont subi une ou plusieurs fausses couches. Murielle en ferait partie et, heu… elle pourrait écrire des textes, des petits mots, des pensées…

Il s'avançait un peu, beaucoup même, en disant cela, d'autant que Murielle n'était pas au courant, mais il voyait déjà à quoi ça pourrait ressembler. Surtout au niveau des expressions du visage, et des émotions qui en découleraient. Il les avait toutes contemplées sur celui de Murielle : le chagrin, la tristesse, la colère, la honte, le désarroi, la douleur, la peur et le désespoir.

Stéphanie le regarde en souriant. Jérôme est tendu.

— Jérôme, je suis très heureuse que vous m'ayez contactée. Je pense que vous avez une belle vision sur les questions actuelles, beaucoup d'idées intéressantes. Cette série *Fausse couche*, ce serait formidable. C'est un thème sensible, tabou et malheureusement très banal. Et Murielle et vous êtes particulièrement bien placés, si je peux me permettre, pour en parler. Elle avec ses mots et vous avec votre regard de photographe. Ça me plaît beaucoup ! On pourrait envisager, pourquoi pas, je dis ça comme ça, mais on pourrait monter une expo qui tournerait dans les hôpitaux à travers toute la France ? Qu'en pensez-vous, Jérôme ?

L'effet de ses paroles est instantané. Jérôme se relâche un peu, il est heureux que Stéphanie ait bien voulu le recevoir. Il adore son idée d'exposer dans des endroits décalés et à la vue de tous, là où le public s'y attend le moins.

— J'en pense que ce serait super ! frétille-t-il.

— Vous travaillez pour qui, Jérôme ? Vous êtes en free lance, dans une agence de presse ?

— Heu non, enfin si, je suis free lance, mais je travaille comme iconographe pour des magazines, des sites Internet, un peu d'édition scolaire aussi.

— Et pourquoi pas comme photographe ?

Jérôme rougit, honteux.

— Je ne sais pas… ça s'est fait comme ça…

— Mais vous êtes photographe ?

— Oui, enfin, en tout cas ce sont mes photos !

— Pardon, je me suis mal fait comprendre. Ce n'était pas vraiment une question, Jérôme, je n'ai aucun doute sur le fait que vous êtes photographe. Parce que vous l'êtes, Jérôme, vous êtes même un très bon photographe ! Et ce sera mon travail de le faire savoir. Si vous m'acceptez comme agent, bien sûr ! sourit-elle avec malice.

Jérôme ne se lasse pas d'entendre « photographe » par-ci, « photographe » par-là.

— Vous n'avez rien contre le fait de bosser dans la pub ?

— La pub ?

— Oui, votre profil peut séduire beaucoup de DA. Mais je vous vois bien faire aussi des portraits de comédiennes pour la presse. Vous avez la fibre avec les femmes, ça se voit tout de suite.

Jérôme ne sait plus où se mettre. Est-ce qu'elle le drague ? Ce serait étonnant tout de même.

— Heu oui, bien sûr, enfin je veux dire, je n'ai rien contre l'idée de faire de la pub ou des portraits de comédiennes, ou ce que vous voulez d'ailleurs !

— Je vous dis ça parce que certains photographes n'aiment pas donner dans le commercial, ils entretiennent leur image d'artiste. Ce que j'aime chez vous, c'est que vos portraits sont classiques, mais ils apportent quelque chose de nouveau. Et c'est à cela que l'on reconnaît le talent !

Jérôme est un peu perdu, il ne s'attendait pas à une telle avalanche de propositions. Il ne sait pas ce qu'il est de bon ton de répondre ou pas. Avant de passer cette porte, il était juste un iconographe professionnel et un photographe amateur. Stéphanie a l'air d'ouvrir un couloir, une autoroute devant lui, et dans la file rapide.

— On en reparlera, c'était juste une prise de contact. Je ne vous cache pas que j'ai très envie de vous accompagner, Jérôme, votre profil m'intéresse beaucoup ! Et je suis sûre qu'ensemble nous pouvons faire du très bon travail, il faut juste que vous me fassiez confiance.

— Tout ce que vous me dites, ça me va !

Stéphanie le regarde, amusée. C'est si rare de voir un photographe qui ne joue pas les baroudeurs ou les beaux gosses blasés. Avec sa petite bedaine, c'est vrai que Jérôme tient plus de l'iconographe que du photographe primé, mais c'est ça aussi qui est intéressant chez lui. Il ne joue pas, il est frais, sincère et attachant.

— Je préfère que vous réfléchissiez de votre côté. Parce que, après, si on s'engage ensemble, c'est sur du long terme, je veux me battre pour vous, Jérôme, et je vais vous faire une belle place au soleil.

Jérôme comprend que leur rendez-vous arrive à son terme. Il se lève un peu étourdi, pas très sûr d'avoir tout compris. Un instant il se demande si Stéphanie ne l'a pas reçu par courtoisie, vis-à-vis d'Agathe et surtout de Murielle, mais il se rassure en s'accrochant au mot « photographe » qu'elle a bien dû prononcer quatre ou cinq fois. C'est bon signe, c'est encourageant, c'est même le panard, putain !

— Je vous raccompagne… et je vous dis à très bientôt, Jérôme ?

— Oui, à très bientôt, Stéphanie, et merci de m'avoir reçu si vite !

— C'est moi qui vous remercie, j'espère que la prochaine fois on trinquera au champagne, et pourquoi pas avec votre femme, ce serait sympa !

Oui, ce serait tellement sympa, Stéphanie, pense Jérôme. Il trépigne de bonheur sur son scooter ! Dans sa tête il sabre déjà le champagne en répétant les mots magiques « mon agent », « l'éditrice de ma femme » ou mieux encore : « J'ai rencontré mon agent par l'intermédiaire de l'attachée de presse de ma femme, l'écrivaine ! »

Depuis que Murielle était publiée, leur vie avait totalement basculé. La bande-son de leur vie était passée sans transition (ou presque) de Léo Ferré à Francky Vincent, du *Requiem* de Mozart à Abba. Et putain que c'était bon ! Bien sûr, tout n'était pas rose bonbon, Murielle accusait encore le coup des dernières révélations de sa mère, et lui avait toujours la sienne à gérer, mais quand même, jamais ils n'avaient été aussi proches du bonheur. Le livre de Murielle était en train de faire un carton, il fallait juste qu'elle lâche prise et se laisse porter par ce courant chaud, ce Gulf Stream qui les guidait vers les mers chaudes et une vie plus douce, pourquoi pas les doigts de pied en éventail. Parce que, pour eux, c'était fini les douches froides.

33

Murielle est contente de déjeuner avec Louise, elle sait que son livre marche fort, c'est le bon moment pour lui parler et lui dire ce qu'elle a sur le cœur. Elle la retrouve dans le quartier de l'Odéon au Café des Éditeurs, un clin d'œil amusant pour leur rencontre. Louise l'attend déjà, attablée au fond de la salle, ce qui lui convient parfaitement.

— Bonjour, Murielle, tu vas bien ? J'ai demandé à Agathe de nous retrouver au café pour faire un point toutes les trois, si cela te convient.

— Oui, bien sûr, pas de problème.

— Si tu aimes la viande je te conseille le tartare, c'est leur spécialité, il est délicieux !

— Oui, très bien, bonne idée !

Murielle se veut avenante et surtout pas contrariante, elle a tellement à se faire pardonner.

— Bon, tout va bien ? Pas de vilain rhume ou de méchante gastro ? la taquine Louise.

Murielle rougit, piquée au vif.

— Je croise les doigts en tout cas.

— Bon, j'arrête de t'embêter, d'autant plus que le démarrage de ton livre est excellent, les ventes sont en hausse, on va vers une réimpression, les planètes sont en train de s'aligner pour ton roman !

— Oui, c'est vraiment super.

— Je te le confirme, c'est très rare, ça n'arrive qu'une fois tous les dix ans, surtout pour un premier livre ! Donc il faut préserver cette bonne énergie…

Murielle se lance avant qu'il ne soit trop tard.

— Louise, je t'arrête tout de suite. Pardon, je sais que je ne suis pas toujours facile à suivre et, crois-moi, j'en suis désolée ! Mais la promo, les journalistes, les dédicaces, tu l'as compris, ce n'est pas mon truc, c'est même très compliqué pour moi. Et c'est un euphémisme…

— Mais tout le monde adore ton livre, Murielle, tu n'as rien à craindre !

— C'est irrationnel, Louise. C'est compliqué, ce livre remue beaucoup, beaucoup de choses dans ma vie comme sur le plan intime et je ne peux pas assurer sur les deux fronts. Je sais que tout le monde me veut du bien, je sais que les lecteurs sont des gens civilisés et extrêmement respectueux, mais tout ça me dépasse et, pour être honnête, me fait peur. Mais si ça peut te rassurer, c'est ce livre en particulier qui provoque ça, tu sais, il vient de loin, de très loin… Je l'ai écrit en étant persuadée qu'il ne serait jamais publié ! Et quand vous l'avez pris, je n'ai pas mesuré une seule seconde l'impact de sa publication dans ma vie personnelle et intime.

— Oui, je comprends bien, mais il a aussi un impact très fort chez les lectrices ! Tout va bien ! Ce n'est que du positif !

— Et je m'en réjouis. Pourtant je ne peux pas accompagner ce livre comme tu le voudrais… mais Agathe et toi vous faites un tel travail que vous n'avez pas besoin de moi. Grâce à vous le livre se porte très bien sans moi !

— Non, grâce à toi, la reprend Louise. J'entends, Murielle, et je respecte ce que tu me dis, d'où ma question : as-tu d'autres envies d'écriture ? Parce que nous, on est derrière toi et on trouve que ce serait dommage que tu t'arrêtes en si bon chemin !

Murielle soupire d'aise. Elle prend le temps d'intégrer qu'elle déjeune en plein cœur de Saint-Germain-des-Prés avec une éditrice reconnue, *son* éditrice, qui la supplie à demi-mot d'écrire un autre texte. Elle qui, il n'y a pas si longtemps, écrivait toute seule dans sa cuisine, et surtout sans l'once d'un lecteur, se sent aujourd'hui tellement privilégiée. Quelle chance merveilleuse que sa vie ait pris un autre cours, à mille lieues du précédent. À condition, bien sûr, de faire fi du côté sombre de cette belle histoire.

— Bien sûr, Louise, que je vais continuer à écrire, je n'ai jamais cessé de le faire durant toutes ces dernières années, et pour répondre à ta question, oui, je crois avoir un début d'idée, quelque chose qui me titille, une histoire de secret de famille gardé pendant des années et qui se révèle être une bombe à retardement.

— Excellent sujet ! Je suis preneuse !

Louise n'avait pas besoin de lire le début d'une ligne, elle adorait l'univers sombre, torturé et mystérieux de Murielle. Il était moderne et envoûtant et elle n'avait aucun doute sur son style.

Murielle boit ces paroles avec avidité. Elle déguste ce nectar. C'est tellement grisant de voir cette jeune et belle éditrice à l'affût de ses idées. Et merveilleux de savoir qu'au même moment Jérôme connaissait lui aussi les joies de la reconnaissance professionnelle. Toutes ces bonnes ondes lui font un bien fou, comme une thérapie nécessaire face au secret terrible de sa mère. Mais si ce succès inattendu la rend heureuse, il suscite néanmoins des effets secondaires. Son côté fulgurant la déstabilise, elle n'a pas eu le temps de l'apprivoiser, de voir venir les choses. C'est comme si elle était passée de la chansonnette sous sa douche directement au concert au Stade de France. Elle se sent bousculée, chahutée entre les bonnes nouvelles, son manque de confiance et les dernières révélations sordides. Ce mail d'Antoine Gallimard, son premier contrat d'édition, c'est pour elle aussi violent qu'un accident de voiture qui l'aurait fait dévier de sa trajectoire. Elle se sent encore hagarde. Et même si elle a un plaisir fou à déjeuner avec son éditrice au Café des Éditeurs, elle ne se sent toujours pas à sa place. Elle voit bien qu'il y a un décalage entre elle et les autres. Elle ne fait pas partie de ce monde. Elle n'a ni l'allure ni la verve d'un écrivain. Elle se sent gauche et timide. Et avec ses joues rondes et rouges, elle est plus proche de la fermière sortant de son étable que d'une écrivaine sous les dorures de Saint-Germain-des-Prés.

C'est à cet instant qu'Agathe traversa la salle rouge pour les rejoindre.

— Bonjour, Murielle, j'ai une nouvelle de dingue ! Ruquier te veut dans son émission ! C'est la folie en ce moment, je ne sais plus où donner de la tête, je n'ai pas besoin de relancer les journalistes, ce sont eux qui me courent après ! dit-elle en s'asseyant, encore essoufflée d'avoir couru pour leur annoncer en personne la bonne nouvelle.

— Tu veux un verre d'eau ? lui propose Murielle.

— Oui, je veux bien, merci, dit-elle en étanchant sa soif.

— Agathe, commence Louise, Murielle m'expliquait justement qu'il ne fallait pas compter sur elle pour la promo, alors on va devoir la laisser tranquille et surtout la laisser faire ce qu'elle fait de mieux : écrire.

Agathe reste bouche bée. C'est la première fois en huit ans de métier qu'un auteur décline une invitation dans une émission aussi courue. En général c'est le contraire, elle doit expliquer à l'auteur avec toute la diplomatie dont elle est capable pourquoi il ne fera pas l'émission tant convoitée, mais plutôt un Soir 3 région, ce qui n'est déjà pas si mal. Après chaque passage à « On n'est pas couché », l'auteur invité vendait ses livres par palettes entières, quel que soit l'accueil qui lui était réservé. C'était l'assurance de toucher de confortables droits d'auteur et d'être l'invité vedette d'une longue tournée de dédicaces.

— Mais on m'a assuré que Christine Angot avait adoré *Ceci est mon corps* ! balbutie-t-elle, confuse.

Murielle réprime un frisson. Elle angoissait rien qu'à l'idée de se retrouver au centre d'un décor, sous un spot de lumière éblouissant, devant un public chauffé à blanc venu juste pour voir des célébrités, et de devoir se justifier face à une chroniqueuse belliqueuse, un écrivain flingueur et un ex-chansonnier qui riait à ses propres blagues. Elle avait autant envie d'y aller que de se faire pendre à demi étourdie à un crochet de boucher, comme une vache à l'abattoir. Mettre les choses au clair avec Louise avait été salutaire et elle bénissait son éditrice de se montrer aussi compréhensive.

— Si tu veux je te donne le chocolat de mon café, tente-t-elle de plaisanter à l'intention d'Agathe, soucieuse de se faire pardonner.

Mais celle-ci reste songeuse. Elle cherche déjà une bonne excuse pour ne pas vexer la productrice et lui passer l'envie de commettre une vendetta. La production n'avait pas l'habitude de s'entendre dire non. C'est à eux et à eux seuls que revenait ce privilège.

Bien que soulagée, Murielle sentait toujours un poids au fond de son estomac, elle se sentait ballonnée, elle avait trop mangé. Elle devenait énorme, le stress la faisait gonfler, elle était constipée et faisait de l'aérophagie. L'horreur. Un vice caché de plus. Vivement le retour au calme, les matins légers et les tête-à-tête amoureux avec son ordinateur. Louise avait parfaitement résumé sa situation : elle, ce qu'elle aimait c'était écrire, pas se montrer et encore moins parader.

34

En attendant de s'atteler à son prochain roman, Murielle décide de prendre soin d'elle. Elle ne veut plus être une victime et pour cela elle doit se prendre en main, s'approprier ce corps qui lui échappe tant. Ce n'est pas parce que sa mère l'a détestée au premier regard qu'elle doit en faire autant. Murielle ne compte pas être une étoile filante dans le milieu littéraire et, maintenant que son rêve d'être publiée s'est réalisé, elle va tout faire pour s'installer et durer. Après tout, elle a toujours su se montrer productive et l'inspiration ne lui a jamais fait défaut. Tout n'est pas totalement détraqué chez elle. Il existe plusieurs façons d'enfanter et Murielle compte bien donner des « petits frères » à ce premier roman publié.

Installée face au médecin qui la reçoit, elle ânonne les derniers symptômes de quarante et un, bientôt quarante-deux ans de mal-être, bien décidée à s'en débarrasser et à prendre pour une fois le taureau par les cornes.

— Je suis constipée, ballonnée, vous pensez que ça peut être la ménopause ?

— À votre âge, ça me paraît un peu précoce. Je vais vous examiner.

Allongée sur la table de consultation, Murielle attend patiemment le verdict. La ménopause ne serait pas un problème pour elle, ce serait même un soulagement, elle a dépassé tout ça. Elle se sent zen, l'esprit tranquille, désormais elle ne veut se préoccuper que de son écriture.

— Vous buvez plus d'un litre d'eau par jour ? Aujourd'hui les gens sont tellement pressés qu'ils ne prennent plus le temps de boire...

— Je bois pas mal de thé, d'infusions. En ce moment je suis fragile du ventre.

— Et au travail, vous êtes stressée ?

— Plutôt, oui...

— Vous faites quoi ?

— Je suis rédactrice dans un magazine...

— Toute la journée penchée sur votre ordinateur, je parie ?

— Vous pariez bien, sourit-elle. J'écris aussi.

— Ah, c'est bien, quoi ? demande-t-il en lui palpant le ventre.

— J'ai écrit un roman... *Ceci est mon corps.*

Elle ne sait pas pourquoi elle ramène son livre sur cette table de consultation, il n'a rien à voir, a priori, avec ses problèmes de constipation !

— Ça me dit quelque chose en effet.

— Mais dernièrement j'ai eu un gros choc émotionnel et c'est vrai que ça m'a beaucoup secouée...

— Savez-vous que l'estomac est considéré comme notre deuxième cerveau ? On l'appelle d'ailleurs le cerveau des émotions. Ne cherchez pas plus loin.

Le médecin la palpe consciencieusement.

— Vous prenez la pilule ?

— Non.

— Vous portez un stérilet ?

— Non plus, non.

— À quand remontent vos dernières règles ?

Depuis les dernières fausses couches, Murielle s'était désintéressée de ses cycles, considérant que cette partie de son anatomie ne la concernait plus. Elle avait ses règles quand elle avait ses règles. Elles vivaient leur vie et elle la sienne.

— Honnêtement, aucune idée !

— Il parle de quoi votre roman ?

— Heu… des mésaventures d'une femme stérile…, élude Murielle.

— Ah oui ? Et c'est autobiographique ?

— Pardon ?

— Votre roman, là, votre histoire de femme stérile, c'est autobiographique ?

— Heu… en quelque sorte, oui, balbutie-t-elle.

— Bon, faudra écrire la suite : la femme qui n'était plus stérile, alors ! sourit le médecin.

— Pardon ?

— Vous êtes enceinte, madame !

Murielle le regarde, interdite.

— Ah oui, non, faut que je vous explique, je suis tombée enceinte sept fois et j'ai fait autant de fausses couches, je ne garde pas les embryons. J'ai l'habitude d'être enceinte, enfin si je peux dire ça comme ça…

— Je ne vous parle pas d'embryon, mais d'un bébé, enfin un fœtus si vous préférez, vous êtes enceinte de quatre mois environ, je dirais peut-être un peu moins, seule une échographie permettra de dater la grossesse de façon plus précise. En tout cas il ne faut pas tarder !

Murielle le regarde sans frémir.

— Vous habitez où ?

— Le quatorzième, répond-elle, hébétée.

— Ah, je vous conseille Notre-Dame-de-Bon-Secours, ils sont rattachés à l'hôpital Saint-Joseph, ils sont très bien là-bas, et à votre âge ils vous prendront en priorité, mais il faut vite vous inscrire, ils vont sûrement vous faire une amniocentèse. Alors vous appelez ou mieux vous y allez en sortant, parce qu'ils ne sont pas faciles à joindre ! Je vais vous faire une lettre de recommandation et je vous prescris des vitamines. Surtout, il faut boire beaucoup ! La constipation est courante à ce stade de grossesse, ça passera, rassurez-vous. Il faut manger des pruneaux.

Murielle a trop chaud, son visage brûle mais elle se rhabille sans un mot. Elle n'est pas sûre d'avoir bien entendu, il a dû se tromper. Elle n'est pas enceinte, elle est constipée. Stérile et constipée. Un truc de nana la constipation, très féminin, on retient tout, on garde pour soi, on ne lâche rien. Ce médecin est complètement à la masse. C'est sa faute aussi, elle y va toujours au pif, depuis le temps que la Sécurité sociale lui demande de déclarer son médecin traitant. Mais Murielle a vu tellement de spécialistes qu'elle n'a pas de médecin attitré. Alors voilà ce qui arrive quand on va voir le premier toubib venu. D'ailleurs ce n'est pas normal qu'il l'ait reçue aussi vite, ça prouve que c'est un mauvais, un tocard, sinon son planning serait rempli de malades. Voilà à quoi pense Murielle en signant son chèque. Elle se retrouve toujours sonnée dans la salle d'attente, sa lettre de recommandation à la main. D'un coup elle se sent fatiguée, épuisée même. Elle a juste la force de rentrer chez elle. Elle n'aspire qu'à une chose : s'allonger et dormir. Elle se sent dépassée et voudrait un peu de répit. Qu'on lui foute la paix, qu'on arrête de lui annoncer des trucs abracadabrants. « Une émission de télé » par-ci, « un fœtus dans le ventre » par-là. Elle envoie un sms à Jérôme : « Je sors de chez le médecin, retrouve-moi à la maison, GROS coup de fatigue, GROS problème ! »

35

Putain c'était trop beau ! Jérôme a un mauvais pressentiment, le sms de Murielle ne lui dit rien de bon. Après tout ce qu'elle a déjà traversé, sans compter la lettre de sa mère, à tous les coups elle va lui annoncer un cancer de l'utérus ou du sein. Ils sont maudits. Pour une fois que les choses allaient dans le bon sens, il faut que la vie les éprouve à nouveau, comme s'ils n'avaient pas eu leur dose de malheur ! Putain de merde. Bien sûr il allait la soutenir et l'aider à surmonter sa maladie, mais merde quoi. Heureusement et quoi qu'elle en dise, Murielle était solide. C'est juste que ces derniers mois ont déjà été tellement mouvementés, ça commence à faire beaucoup. Il grimpe les trois étages au pas de course, il n'a pas pris le temps de retirer son casque. En entrant chez eux, Jérôme s'attend à tout sauf à découvrir Murielle tranquillement endormie sur le canapé. Il s'émeut de la voir si vulnérable. C'est mauvais signe, la maladie gagne déjà du terrain. Il s'approche et voit dans son sac à main, qui gît à ses pieds, une enveloppe. Il l'ouvre pour en avoir le cœur net. Il tente de déchiffrer l'ordonnance sans vraiment y parvenir. « Écriture de merde », pense-t-il, à bout. Il comprend juste qu'elle doit être prise en charge au plus vite. Putain, ça doit être un cancer fulgurant. Il prend peur et commence à chialer. C'est tellement injuste. Et c'est toujours *elle* qui paie physiquement le prix fort.

Murielle ouvre un œil et découvre Jérôme en train de lire la lettre du docteur Molinier.

— T'es content ? murmure-t-elle.

— Quoi ? Pardon, dit-il en reniflant, je ne voulais pas te réveiller. Je suis venu aussi vite que j'ai pu. Qu'est-ce qu'il se passe ? Qu'est-ce qu'il a dit ? C'est quoi ces examens en urgence ?

Murielle le regarde d'un air bizarre.

— Je ne sais pas, je ne comprends rien moi non plus.

— Il a dit quoi ? C'est où ? Tu as mal ? C'est un cancer, c'est ça ? demande Jérôme inquiet comme jamais.

— Un cancer ?

— Oui, ça veut dire quoi « GROS problème ! » ?

— Je suis constipée, dit-elle en se redressant.

— Ah ?

Merde, c'est un cancer des intestins ou alors une occlusion intestinale. Il faut l'opérer en urgence, elle risque la septicémie, s'alarme-t-il.

— Constipée et enceinte aussi.

— Encore ?

— Oui, encore ! sourit-elle malgré elle. Sauf que là, je n'ai pas fait de fausse couche. Je suis enceinte, Jérôme, de quatre mois, je crois, je ne sais pas.

Murielle commence à pleurer.

— Mais ne pleure pas ! Pourquoi tu pleures, alors ? Tu n'es pas malade ? demande-t-il la voix tremblante d'espoir.

— Non.

— Tu n'as pas de cancer ni d'occlusion intestinale ?

— Non, enfin je ne crois pas.

Jérôme la regarde. Il ne comprend pas. Ou plutôt, il a peur de comprendre.

— Je suis enceinte, Jérôme, vraiment enceinte ! Il a dit que j'avais un bébé dans le ventre, mais je ne suis pas sûre, parce que, quand même, je ne vois pas comment ce serait possible, tu ne crois pas ? Il a dit aussi qu'il devrait naître en mars ou avril, il n'a pas pu le dater. Il faut que je fasse une échographie, que je m'inscrive de toute urgence à la maternité, que je passe tout un tas d'examens…

Murielle réalise petit à petit que, contre toute attente, un embryon plus téméraire que les autres est resté accroché à son utérus.

— Tu es enceinte ? pleurniche à son tour Jérôme.

— Je suis enceinte ! Et constipée aussi ! Je ne sais pas si je suis *très* enceinte ou *très* constipée, mais c'est vrai que j'ai un bide énorme ! Mais ça, il paraît que c'est normal, sanglote-t-elle.

— Putain, tu m'as fait peur…

— Mais moi j'ai peur, Jérôme, si tu savais comme j'ai peur.

— Je suis là, dit-il en la prenant dans ses bras, je serai toujours là, Murielle. On va avoir un bébé ? Toi et moi ? J'y crois pas…, dit-il en se laissant glisser comme un pantin sur le sol.

Murielle hoche la tête, incapable de parler sans pleurer. Les fameuses hormones sans doute. Elle ne comprenait plus rien, si ce n'est que son corps n'en faisait qu'à sa tête.

Jérôme, lui, est tellement heureux, sonné, choqué, mais heureux ! Il a du mal à y croire, mais il va être papa, papa ! Il en a le tournis ! Il espère secrètement que ce sera des jumeaux. Deux bébés braillards et bien vivants, qui ne lui laisseront aucun répit. Parce que putain, du répit, il en avait eu plus qu'il n'en fallait ! Alors il voulait la totale ! Les nuits blanches, les valoches sous les yeux, les régurgitations, les terreurs nocturnes, les couches qui débordent, les fesses irritées, les otites à répétition, les gastros, la varicelle, les coliques, les dents qui percent, les caprices, les larmes de crocodile et même les poux ! Il prenait tout, le full package avec toutes les options ! Parce qu'il voulait être un papa, un vrai. Putain. Le bonheur.

— Merde !

— Quoi ?

— Mon expo !

— Quoi, quelle expo ? Tu vas faire une expo ?

— Ben, je n'ai pas encore eu l'occasion de t'en parler, mais j'ai un autre projet de photos, une série sur le thème des fausses couches… et heu, j'espérais que tu en fasses partie et que tu écrives un petit texte… Mais tu sais quoi ? Ça ne change rien en fait, au contraire, c'est génial ! La série se finira sur toi avec ton ventre de femme enceinte, c'est la meilleure façon de clôturer cette expo et ça se passe de commentaires.

Murielle lui sourit tristement.

— Et si je le perds malgré tout ? Ou s'il a un problème, une malformation ou qu'il est trisomique ? Et s'il est mort-né ? Ou la mort subite du nourrisson ?

Jérôme la regarde gravement.

— Tu as raison, Murielle, tout peut arriver, mais tu sais quoi ? On gérera comme on pourra ! Et puis il, ou elle d'ailleurs, peut être en bonne santé, il ou elle peut vivre et il ou elle peut même nous emmerder dans les vingt prochaines années à venir. On en prend pour vingt piges, Murielle, minimum !

— J'ai peur, Jérôme.

— Oui, moi aussi, Murielle.

Ils se regardent en silence. Quinze ans qu'ils s'aiment et ils n'ont encore jamais vécu un truc pareil, voir un embryon muter en fœtus. Alors un fœtus en bébé…

— Tu crois qu'on va devoir déménager ? s'inquiète déjà Murielle.

— On verra, peut-être, je ne sais pas. Prenons les choses comme elles viennent, un jour après l'autre.

— Jérôme, dis, tu veux bien aller m'acheter des pruneaux ?

36

Heureusement que Murielle avait arrangé le coup avec Yannick, Karène et les autres. Elle n'avait pas lésiné en insistant lourdement sur l'impact cognitif, émotionnel de la sortie de son roman, avait endossé sans broncher le rôle de la femme victime de sa stérilité et totalement dépassée par cette publication inespérée. La paix professionnelle au prix de son amour-propre. Et tous lui avaient pardonné ce moment de faiblesse. Comment pouvaient-ils tenir rigueur à une femme qui avait déjà tant souffert ? Aussi se demande-t-elle ce matin comment Yannick va réagir en apprenant que son argument principal tombe à l'eau ? Quelle tête va-t-il faire en découvrant son certificat médical ? Bien sûr il ne va pas se mettre à hurler comme sa sœur, qui lui a cassé les tympans quelques jours plus tôt au téléphone. Murielle avait été si heureuse de pouvoir appeler Cathy pour partager avec elle son miracle. Elles adoraient maintenant pleurer ensemble comme deux madeleines, un vrai truc de « sœurs ».

Mais Yannick ne va pas manquer de tomber des nues. Elle aurait aimé ne rien lui dire, mais voilà, maintenant qu'elle est inscrite à la maternité de Bon-Secours et que l'administration française est au courant de son revirement hormonal, elle est dans l'obligation d'informer son employeur, c'est la loi. Murielle ne pensait pas qu'une démarche aussi intime que celle de faire un enfant concernait autant de personnes étrangères. Mais elle est trop heureuse de s'y plier et n'en rate pas une étape.

En pénétrant dans l'ascenseur, elle s'observe à la dérobée. Depuis l'effet d'annonce dans le cabinet du docteur Molinier (qu'elle adore maintenant, elle en a fait son médecin traitant), son ventre a fait un bond en avant. Même si, jusqu'ici, elle n'a jamais été de celles qui affichent des abdos en béton, et avec Jérôme aux fourneaux difficile d'avoir une silhouette de sylphide, elle n'a jamais pour autant été aussi arrondie. Et quelques jours plus tôt elle a bien été obligée d'accepter l'offre de Jérôme de faire un peu de shopping spécial « future maman », mais à la condition, juré-craché, de ne pas céder à la tentation d'acheter des bodys premiers mois, si adorables soient-ils. Superstition oblige. Entrer dans cette enseigne, ce temple de la maternité, qu'elle avait jusqu'ici consciencieusement rayé de la carte, c'était comme se retrouver comme par magie à la chapelle Sixtine. Il n'y avait autour d'elle que des chefs-d'œuvre à admirer. Des murs entiers de tétines en silicone multicolores et fantaisies comme ce modèle « téton », ainsi que des couches-culottes en fibres naturelles, bio, vendues au prix du caviar. Elle avait dû se pincer pour le croire.

C'était tellement étrange de se retrouver au milieu de tous ces couples fertiles, ces femmes au ventre gonflé qui échangeaient, la main sur le ventre et au détour d'un rayon, un sourire complice et béat. Quelle sensation étrange pour Murielle d'être avec elles, de faire partie de ces femmes élues. Elle en avait pris plein les yeux. Des doudous, des pyjamas premier âge, des turbulettes déclinées dans toute une gamme de couleurs pastel, des biberons high-tech, des poussettes design multifonctions. Autour d'eux tout avait été fait pour attendrir, adoucir, caresser l'œil et flatter l'instinct maternel. Éblouis par tant d'objets de convoitise, Murielle et Jérôme avaient dû se faire violence pour se cantonner au rayon « maman ».

Devant le miroir de l'ascenseur, Murielle se retient de se caresser le ventre en public dans son pantalon de grossesse tout neuf. En sortant au cinquième étage, elle se dirige d'un pas tranquille vers son bureau. Plus elle s'alourdit et plus elle se sent zen, son centre de gravité a trouvé un nouvel équilibre. Elle aperçoit Yannick tranquillement installé à son bureau occupé à ouvrir sa pile de courrier quotidienne. Elle se dirige vers lui, déterminée à franchir l'ultime étape de son marathon administratif.

— Salut, Yannick, ça va ? Est-ce que je pourrais te parler cinq minutes ?

— Ah, salut Murielle, maintenant si tu veux.

Murielle se laisse choir sur la chaise en face de lui.

— Tiens, dit-elle, en lui tendant une enveloppe.

— C'est quoi ?

— Heu… un papier pour toi, dit-elle en rougissant.

— Alors ça y est ? Tu nous quittes ? Je m'y attendais un peu… avec tout ce qui se passe autour de ton roman.

— Ah, pas du tout ! Ce n'est pas une lettre de démission, c'est… un certificat médical.

— Merde, ça ne va pas ? Tu es malade ? s'inquiète-t-il.

— Non plus ! Je… je suis enceinte, répond-elle, les larmes aux yeux.

Saloperies d'hormones. Yannick la regarde ahuri, en battant des cils. Il se gratte la tête tout en semblant chercher ses mots.

— Mais, heu… je ne comprends pas… heu, pardon de te demander ça, Murielle, et tu me diras si je me trompe, mais ton roman n'était pas pour une part autobiographique ? Enfin, en ce qui concerne le personnage principal, la femme stérile ?

— Absolument, Yannick, tu as tout à fait raison, et je n'ai aucune explication à ce sujet, disons que ma vie est un peu compliquée car, oui, j'ai découvert comme toi récemment que je suis enceinte… de quatre mois et demi !

— Mais Murielle, c'est génial ! C'est génial ! s'écrie-t-il, ému.

Murielle est agréablement surprise. Elle sait que Yannick est un papa gâteau, qu'il est dingue de ses deux petites filles, mais elle ne pensait pas qu'il se sentirait aussi concerné par son annonce.

— Murielle, je suis tellement heureux pour toi ! dit-il en se levant de son siège pour l'enlacer tendrement.

Murielle repense à toutes les fois où elle a dû, le plus souvent malgré elle, faire état de sa stérilité, avec le nombre angoissant de toutes ses fausses couches. Les gens en face d'elle avaient tous ce recul involontaire et horrifié, cette gêne paralysante, ce malaise. Ils ne savaient pas comment réagir, échapper à sa situation. Les mots, quand ils venaient, étaient maladroits et patauds. Personne ne l'enlaçait, au contraire, leur premier réflexe était la fuite, sans doute dans un instinct de survie face au malheur. Alors que le bonheur, lui, provoquait cet élan, cette spontanéité. L'annonce d'une naissance suscitait l'allégresse et la joie, même chez ceux qui n'étaient pas directement concernés. Et ça aussi c'était nouveau pour Murielle.

— N'achète rien, j'ai tout en double ! J'ai des chauffe-biberons, des transats, des tapis de jeux, j'ai au moins trois porte-bébés, j'ai un berceau de voyage ! Je pourrais ouvrir une succursale ! plaisante-t-il.

— C'est adorable, mais tu me connais, je reste prudente… J'ai encore du mal à réaliser. Pour le moment tout va bien, mais compte tenu de mon passif et de mon grand âge, plaisante-t-elle, je serai peut-être amenée à m'arrêter un peu plus tôt.

— C'est prévu pour quand ?

— Le 7 avril.

Ce qui voulait dire que le 7 ou le 8 avril elle aurait un bébé dans les bras… Cela lui paraissait totalement absurde. De la pure science-fiction.

— Je suis tellement, tellement heureux pour toi, Murielle.

— Merci, Yannick, ça me touche beaucoup. Mais ne t'inquiète pas, je vais te pondre plusieurs articles à l'avance…

— Tu es sûre de vouloir continuer ? Je ne dis pas ça pour te mettre dehors, mais avec ton roman, ton bébé à venir…

— Yannick, je vais continuer à écrire, c'est sûr, mais je ne sais pas si je serai encore publiée…

— Tu plaisantes ?

— Pas du tout ! Mon roman marche bien, c'est vrai, mais je n'ai pas encore écrit le suivant et, à vrai dire, je ne sais pas si j'en serai capable. Et si je le suis, j'ignore comment il sera reçu. Tu me connais, je ne suis pas du genre à m'emballer. Mais je suis déjà très heureuse de ce qui m'arrive, on verra si ça continue ? Et si le prochain ne marche pas, tant pis ! Et puis je me plais ici avec vous et, avoue-le, je suis incollable sur l'infection urinaire !

— J'ai compris, et je serai ravi que tu restes ! Ne t'inquiète pas, chat échaudé craint l'eau froide, je ne me risquerai surtout pas à t'organiser une baby-shower !

— Ah, et pourquoi pas ? se surprend-elle à répondre.

— Ben, c'est-à-dire, que… je ne voudrais pas te rappeler un mauvais souvenir, mais la dernière fois que j'ai organisé une petite sauterie pour toi, tu te souviens… ?

— Mais ça n'a rien à voir ! répond-elle, pétrie de mauvaise foi, et puis tu m'avais prise de court ! Yannick, je vais avoir un bébé et s'il y en a bien une qui mérite sa baby-shower, c'est moi !

— Attends, Murielle, il ne faut pas me le dire deux fois ! Je vais mettre Karène sur le coup, tu vas avoir une baby-shower à faire pâlir d'envie Beyoncé !

Après avoir été traitée comme une pestiférée pendant des années, Murielle goûtait enfin au plaisir de jouer les princesses. Elle voulait la totale, les ballons roses et bleus, le jus de pomme tiède, les cadeaux de naissance, les anecdotes personnelles, les confidences honteuses, elle prenait aussi tous les désagréments, la « crotte surprise », les contractions douloureuses, la péridurale ratée, l'épisio qui brûle, les seins qui explosent, la peau qui flanche, les veines disgracieuses, les vergetures, les hémorroïdes et les crevasses ! Parce que Murielle en avait tellement chié du manque, du vide, qu'elle voulait tout ressentir, même le pire. Désormais, tout son être, tout son cœur et tout son corps ne tendaient que vers le meilleur : son bébé à naître.

37

Maman,

Pardon d'avoir mis si longtemps à te répondre, mais tu comprendras, j'en suis sûre, que j'avais besoin de temps avant de t'écrire à mon tour.

Après quarante et une années de silence, tu t'es enfin décidée à parler. C'est long quarante et un ans. C'est toute une vie, toute ma vie. Je n'ose imaginer quelles ont été ces années pour toi, enfermée en toi-même, sur le secret de ton viol. Cela a dû être long et douloureux. Je suis triste que tu aies eu à vivre cela. Moi, ta fille, j'ai mal pour toi.

Je regrette juste que, de ton côté, tu n'aies eu jamais mal pour moi.

Je comprends mieux maintenant ce vide permanent en moi, cette absence de chaleur, de tes bras sur moi. Jamais ta main n'est venue sécher mes larmes. Jamais. Et pourtant, ce ne sont pas les occasions qui ont manqué. Je comprends bien sûr la difficulté de dire cette vérité à une enfant : « Ton père et mon violeur sont la même personne », mais tu aurais pu le dire à l'adulte malheureuse que j'étais. Comme on soulage d'une piqûre un animal à l'agonie. J'ai eu tellement mal, maman, j'ai tellement souffert. Tu m'as tellement manqué, j'ai failli en crever.

Loin de moi aujourd'hui l'idée de t'accabler, j'ai bien assimilé que tu étais une victime dans cette histoire, comme je le suis moi-même, sauf que je n'avais pas les cartes en main pour me sortir de cette impasse (cette même impasse où tu t'es fait violer ?). Toutes ces années de mal-être, jusqu'à en avoir la peau qui brûle, mon utérus qui se rebelle et sans savoir pourquoi ? Toutes ces années à pleurer et à me maudire. Alors que d'un mot tu aurais pu me dire, m'expliquer, me soulager, me délivrer.

Au moins toi, tu avais une silhouette, une odeur, si infecte soit-elle, sur qui cracher. Moi je n'avais rien, alors c'est sur moi que je crachais, glaire après glaire, tout en ne sachant pas quelle faute terrible j'avais commise.

Aujourd'hui je ne me sens plus vide, maman, c'est le contraire. Je suis pleine, j'attends un enfant. Oui, et même en l'écrivant j'ai encore du mal à le croire, moi, Murielle, la stérile de la famille, je vais avoir un enfant. Mon bébé, notre bébé à Jérôme et moi. Le miracle que je n'attendais plus est arrivé. Alors aujourd'hui je ne veux plus penser qu'à lui ou à elle. Je vais continuer d'écrire, parce que l'écriture est magique, elle m'a permis de sortir de moi-même, elle m'a donné parfois une forme de répit. Je ne sais pas quand on va se revoir toi et moi, ni quand je te présenterai mon enfant, on verra ? Après tout, je ne t'ai jamais manqué et tu m'as appris à vivre sans toi.

D'ici là porte-toi bien.

Murielle

Épilogue

Les mois ont passé et une petite fille a vu le jour. Murielle et Jérôme l'ont prénommée Romane. Jusqu'au dernier moment, ils ont voulu garder la surprise. Ils ont particulièrement goûté, savouré ces derniers mois d'attente. Pour une fois elle n'avait rien de tragique. Savoir qu'ils allaient avoir un bébé leur suffisait amplement, quelle importance que ce soit une fille ou un garçon ? Le jour de l'accouchement, Jérôme a tout juste eu le temps de couper le cordon avant de faire un malaise. Quant à Murielle, elle s'est vite retrouvée dans l'incapacité de dormir, impossible pour elle de fermer les yeux devant le beau visage de sa fille. Elle ne se lasse pas de l'admirer, encore hébétée d'avoir donné naissance à tant de perfection. Ses longs cils noirs, ses doigts si fins et si agiles qui s'accrochent déjà fermement à elle. Son nez délicat et sa bouche bien dessinée. Mais surtout elle est frappée par tant de détermination dans un si petit corps. Romane, petit poids de trois kilos deux, a déjà la force et la pugnacité d'un sumo. Elle s'est imposée envers et contre tous. Seule rescapée de toute une fratrie, elle a décidé, loin des drames et des secrets de famille, qu'il était temps pour elle de venir au monde.

Murielle sait en la contemplant qu'elle n'arrêtera jamais d'écrire des histoires, mais surtout qu'elle aidera Romane, *sa* fille, à écrire la sienne.

Par la suite Romane fera des apparitions en tant que « guest » sur le blog de sa tante Cathy, qui n'a jamais autant cartonné depuis qu'elle l'a rebaptisé MamanDeTroisRelous, et ce pour le plus grand bonheur de tous. Quant à Jérôme, son papa, il ne laissera à personne d'autre le soin de l'initier au goût des bonnes choses. Il développera même une véritable obsession pour les « purées maison bio ». Ensemble, tous les trois, ils auront bien des tracas, mais surtout ils seront heureux.

DE LA MÊME AUTEURE :

Bien fait !, comédie graphique, Éditions Delcourt, 2015
Joyeux suicide et bonne année, Denoël, 2016
Question de standing, Denoël, 2017
Courage, rions, Lattès, 2020

PAPIER À BASE DE FIBRES CERTIFIÉES

Le Livre de Poche s'engage pour l'environnement en réduisant l'empreinte carbone de ses livres. Celle de cet exemplaire est de :
200 g éq. CO_2
Rendez-vous sur www.livredepoche-durable.fr

Composition réalisée par PCA

Achevé d'imprimer en mars 2020, en France sur Presse Offset par
Maury Imprimeur – 45330 Malesherbes
N° d'imprimeur : 244243
Dépôt légal 1re publication : mars 2020
Édition 02 - mars 2020
LIBRAIRIE GÉNÉRALE FRANÇAISE – 21, rue du Montparnasse – 75298 Paris Cedex 06

44/1838/3